現場のドラッカー

國貞克則

角川新書

まえがき

「ドラッカー経営学を理解し実践し、真に社会に貢献する組織、従業員が活《い》き活き働く組織、変化に対応できる組織を作ってもらいたい」この想いから私は本書を執筆しました。私には、ドラッカー経営学が理解され実践されれば、組織は驚くほど変わるという確信があります。

ドラッカー経営学導入コンサルタントとしての私の最近の5年間は本当に幸せなものでした。それは、過去20年間に渡って赤字を出し続けてきた会社が、私の目の前でV字回復を遂げたからです。どうして20年も赤字が続いていたのか。それは売上至上主義という顧客を無視した会社本位の経営スタイルだったからです。どうして倒産しなかったのか。それはこの会社が大手上場企業の子会社だったからです。

では、どうしてV字回復できたのか。それは、この会社の全従業員がドラッカー経営学という仕事に関する基本と原則を理解し、それを現場で実践したからでした。具体的に言えば、常に顧客を起点に考え、顧客の期待を超える商品やサービスを提供することに全従業員が主体的に取り組んだからでした。

私がコンサルタントとしてこの会社をV字回復させたということでは決してありません。この会社の新社長は、それまでの売上至上主義の経営を排し、顧客を起点にして独自の価値を提供するという経営姿勢で、それまで20年間に渡って続いていた赤字を、社長就任後3年で黒字化していました。

私がこの会社に係《かかわ》り出したのはこの会社が黒字化してからでした。この会社の社長は、彼が社長になってから実施してきた経営方針がドラッカー経営学の考え方に似ていることを知り、ドラッカー経営学関連のコンサルタントを探していたという時期でもありました。

私がこの会社に係り出してから、この会社はドラッカー経営学を経営の中心に据えることを明確にし、会社全体にドラッカー経営学を浸透させていきました。ドラッカー経営学が全社に浸透していくにつれ、この会社はその後もどんどん変わっていきました。売上や利益はさらに増えていきました。

売上や利益が増えただけでなく、ドラッカー経営学を学んだ従業員が主体的に活き活きと働くようになったのでした。私が係り出したころは「やらされ感」で仕事をしていた従業員もいましたが、その後5年でそのような従業員は皆無になりました。

逆に、ドラッカー経営学を学んだ彼らの口から出てくるのは、「私の責任は何か」とか「私は貢献できているだろうか」といった言葉でした。ドラッカー経営学を導入して、この会社の社長が一番喜んでくださったのは、従業員が仕事に誇りを持って主体的に働くようになってくれたことでした。私は、ドラッカー経営学が理解され実践されれば、人と組織はこれほどまでに変わっていくのかと思いました。

私自身も、この会社とお付き合いさせていただいたことで、ドラッカーの本を読んだだけではわからないドラッカー経営学の本質を、その実践を通して学ばせていただいたと感じています。

私はこの会社をV字回復させた社長の退任と共にこの会社から身を引きましたが、私はこの会社におけるドラッカー経営学の実践事例を多くの人に伝えたいと思いました。また、そのことはドラッカー経営大学院でMBAを取得し、本を書くことを生業としている私の使命だと思いました。

私はたいした取り柄もなく、この人生を右往左往しながら生きてきました。ただ、この歳になって思うのは、多くの人が難しいと感じていることをわかりやすく伝えるのが私の取り柄ではないかということです。私が会計の素人向けに書いた『財務3表一体理解法』（朝日新書）は、シリーズで80万部を超えるベストセラーになりました。

財務会計と同じくドラッカー経営学もその本質を理解するのがなかなか難しい分野です。すでに私は、『究極のドラッカー』（角川新書）というドラッカー経営学の解説本を書いています。今回は、特に実践に焦点を当て、ドラッカー経営学の基本的な考え方を、この会社の実践事例と共にお伝えしたいと考えています。

ドラッカーの口癖は「経営学は他の学問とは全く違う。経営学は実践されなければ意味がない」でした。ドラッカーは「つまるところ、マネジメントとは実践である。その本質は知ることではなく、行うことにある[1]」と言います。

この会社がなぜ成功したのか。それはドラッカー経営学を勉強するだけでなく、それを現場で実践したからでした。ドラッカーの本を読んだことがある人は沢山いるでしょう。しかし、多くの人がその本質を理解できていない。さらに言えば、ドラッカー経営学はあまり実践されていないというのが現実だと思います。当然ながら、実践がなければ成果はあがりません。

すべての組織は目的達成集団です。組織は何某《なにがし》かの目的を達成するために存在します。目

1　『マネジメント　課題、責任、実践』P・F・ドラッカー著、上田惇生訳、（ダイヤモンド社）

的を達成するためには、組織のトップを中心にして全従業員が共通の目的、共通の価値観を持っていなければなりません。ドラッカーは「マネジメントの役割自体は変わっていない。それは、共通の目的、共通の価値観、適切な組織、訓練と自己啓発によって、人々が共に成果をあげられるようにすることである[2]」と言います。

ドラッカー経営学は、成果をあげることに焦点を当てます。部下が成果をあげられるようにするのは上司の責任です。同時に、上司に成果をあげさせるのは部下たる者の務めです。上司と部下が一緒になって成果をあげる所が組織なのです。

ドラッカーは成果をあげることに焦点を当てると同時に、仕事を通して人間が幸せになる組織とはどういうものかということを常に考えていました。組織は何のために存在するのか。それは間違いなく、人間を幸せにするために存在するのです。

「成果」と「人間の幸せ」という2つのキーワードに、もう一つドラッカー経営学の特徴を加えるとすれば、それは継続と変革を均衡させようとすることです。現在の事業のマネジメントは大切です。しかし、社会は常に変化しています。現在どんなに会社の規模が大きかろうと、特徴ある商品やサービスを持っていようと、変化に対応できなければ会社は終わります。

本書を読んで、ドラッカー経営学の基本的な考え方を理解し、それをみなさんの組織で是非実践してください。そして、全社一丸となって、真に社会に貢献する組織、従業員が活き活き働く組織、変化に対応できる組織を作っていただきたいと思います。

2 『経営の真髄』P・F・ドラッカー著、ジョゼフ・A・マチャレロ編、上田惇生訳、(ダイヤモンド社)

目次

第1章　企業の目的は利益をあげることか?

（1）売上や利益を目的にしているからダメなのだ

「まえがき」で紹介した会社（以降、A社と呼ぶことにします）のV字回復の最大の理由を説明する上でも、ドラッカー経営学の基本的な考え方を説明する上でも、まず確認しておかなければならないことは、「組織の目的は何か？」ということです。企業の成否は、組織の目的のとらえ方で決まるといっても過言ではありません。

私がドラッカー経営学の勉強会を行うときは、最初に「民間企業の第一の目的は何でしょうか？」という問いから始めます。多くの人が「利益をあげることだ」と答えます。そういう答えになってしまうのも致し方ない面があります。私たちは資本主義社会の中で生きていますし、会社法では会社とは営利社団であるとされています。民間企業が公的機関やNPOと違うのも「利益をあげる」という点です。

しかし、古今東西多くの人がこれまで商売を行ってきました。私は、ものごとの道理がわかっている人に限って言うならば、企業の第一の目的を利益だと考えている人は少ない気がしています。

私たち日本人の先輩方のビジネス感はどういったものだったでしょうか。次のような言葉は、日本人ならどこかで聞いたことがあると思います。

・富は常に徳の結果である（経済と道徳を分離しない東洋思想）
・徳に励むものには財はもとめなくても生じる（西郷隆盛）
・売り手よし、買い手よし、世間よし（近江商人の教え）

日本人の先輩たちのビジネス感は、経済と道徳を分離しない考え方でした。渋沢栄一の『論語と算盤』にも正にそのようなことが書かれています。私は岡山県の田舎の生まれですが、祖父母から幼いころに言われ、いまだに耳に残っているのは、「いいことをしていたらお金はついてくるから」「お金を追いかけるとお金は逃げていくよ」といった言葉です。このような考え方が、日本の隅々まで広まっていた日本人のビジネス観ではないでしょうか。

では、ドラッカーは組織の目的をどう定義しているのでしょうか。「事業の目的として有効な定義はただ一つである。それは、顧客を創造することである[3]」これはドラッカーの極めて有名な言葉ですが、これを聞いただけでは何のことかわからないと思います。しかし、

3　『現代の経営』Ｐ・Ｆ・ドラッカー著、上田惇生訳、（ダイヤモンド社）

本書を読み終えるころには、ドラッカー経営学の基本的な考え方は、私たち日本人の先輩たちのビジネス観とほぼ同じなのだということがご理解いただけると思います。「顧客の創造」については後ほど詳しく説明します。

「マネジメントをするならドラッカーだけは読んでおけ」と言われる優秀な経営者は多い。しかし、ドラッカーの著作を読んでドラッカー経営学を理解するのはなかなか骨が折れます。私も初めのころは、何か哲学書のような感じで、ドラッカーが何を言いたいのかよくわかりませんでした。ただ、ドラッカー経営学の全体像とその基本的な考え方が理解できてから思うのは、ドラッカー経営学は次の2つの事がわかっていないと理解できないだろうということです。

一つ目は、ドラッカーは生涯に渡って「人間はどうすれば幸せになるか」という「人間の幸せ」について考えていた人だということです。逆にこのことがわかれば、ドラッカーの40冊に及ぶ著作の執筆テーマの変遷も、手に取るようにわかってくると思います。この「人間の幸せ」については、後ほど少しずつ説明していきます。

二つ目は、ドラッカーは社会を生き物として見ていたということです。ドラッカーは自分自身のことを社会生態学者と呼んでいました。社会は生き物です。これは言われてみれば当たり前のことです。廃墟《はいきょ》を社会とは言いません。ビルが集まっているところを社会とは言いません。人が集まっているところを社会と言います。そういう観点で言えば社会は生き物です。社会は生き物であり、その構成要素の一つが組織なのです。

『もし高校野球の女子マネージャーがドラッカーの「マネジメント」を読んだら』（ダイヤモンド社）という本がベストセラーになったことがありました。この本で初めてドラッカーに触れた人も多かったと思います。この本が面白かったので、この本の原点になっている『【エッセンシャル版】マネジメント』（ダイヤモンド社）というドラッカーの本を読んでみたら、あまりの難しさに面食らった人も多かったのではないでしょうか。

この『【エッセンシャル版】マネジメント』の本文の第一行は、次のような言葉から始まります。「企業をはじめとするあらゆる組織が社会の機関である[4]」私も最初にこの本を読んだときは冒頭から、「ドラッカーは何が言いたいんだろうか」と思いました。

この文章の原文は“Business enterprises - and public-service institutions as well - are organ of society.[5]”です。私は、ドラッカーが「組織」のことをあえて“Organ”という単語を使って説明していることを知って、初めてドラッカーの考え方が少しわかったような気

4　『【エッセンシャル版】マネジメント』Ｐ・Ｆ・ドラッカー著、上田惇生編訳、（ダイヤモンド社）
5　Peter F. Drucker “The Essential Drucker” Harper Business

がしました。

“Organ”とは肺とか心臓などの人体を構成する「器官」のことです。人間という生き物は、肺とか心臓などの一つひとつの器官が集まってできています。この生き物を構成する一つひとつの器官の目的は、その器官の中にはありません。肺の目的は肺の中にはありません。肺の目的は人体に酸素を供給することです。心臓の目的は心臓の中にはありません。心臓の目的は人体に血液を循環させることです。

社会は生き物です。みなさんが所属する会社などの組織が集まって、この社会ができあがっています。その生き物である社会を構成する一つひとつの組織の目的も組織の中にはありません。病院の目的は病院の中にはありません。病院は医師や看護師のためにあるものではありません。病院の外にいる患者さんの病気を治すことが病院の目的です。消防署の目的は消防署の中にはありません。消防署の外の火事を消すことが消防署の目的です。

では、同じ社会の構成要素の一つである民間企業だけが、その目的が企業の中の「利益をあげる」ということでしょうか。そうであるはずがありません。企業の目的も企業の外にあります。すべての組織は社会に貢献するという役割を担っているのです。

このように説明すると、「企業は利益をあげ税金を納めることによって社会に貢献している」と言う人もいるでしょう。確かに、企業が利益をあげ税金を納めることは極めて重要です。しかし、それは企業の貢献のほんの一部でしかありません。企業は自らが提供する商品やサービスによって、社会やコミュニティや個人に貢献するために存在するのです。組織は組織自体のために存在するのではありません。

みなさんは自分のことしか考えていないような人と付き合いたいですか。そうではないでしょう。同様に、自分の会社の売上や利益のことしか考えていない自己本位の会社と付き合いたいですか。会社のホームページには「顧客第一主義」などと書いてあっても、社内の会議に参加してみると、自社の売上や利益のことしか議論していない会社は山ほどあります。不祥事を起こす会社は内向きです。自分の会社の売上や利益のことを第一に考えているからうまくいかないのです。

逆に、テレビのビジネス番組などで紹介されている優良企業を思い起こしてみてください。どの会社も本当にお客様のことを第一に考えています。うまくいって当たり前なのです。それは人が住む世の道理だからです。

(2) V字回復した第一の理由（売上至上主義から顧客起点主義へ）

Ａ社がＶ字回復した最大の理由は、正に企業の目的を１８０度変えたからでした。Ａ社は上場している大手メーカーの国内販売子会社です。それまでの20年間は売上至上主義の経営で、売上目標の必達がすべてでした。社長が年度初めにその年の売上目標を明確にし、その売上目標を国内の各営業拠点に配分し、さらに各営業拠点が一人ひとりの営業マンにそれを配分するといった経営でした。

この会社では昔、「お前の売上目標が達成できるまで会社に戻ってくるな！」と上司から恫喝《どうかつ》されていたと聞きました。商品が販売できず、売れ残った商品を自宅の押し入れに仕舞い込んでいた人もいたそうです。そのころこの会社で評価されていた人は、期末に問屋さんや販売店に無理を言って、沢山の在庫を引き取ってもらえる人だったと言います。

その後A社の社員さんたちと付き合うようになって感じたことは、A社には素直で人柄のいい人が多いということでした。社風は体育会系。上意下達で一糸乱れず隊が動いていくという感じです。たぶん、当時はみんなが「売上目標の必達こそが自分たちの仕事であり、それを全社一丸となってやりきる」という気持ちで仕事をされていたのだと思います。

しかし、いくら人柄がよく、いくら元気があっても、根本が自社の売上必達という自己本位の経営ですから、なかなかうまくいきませんでした。

V字回復を果たしたA社の社長（以降、Iさんと呼ぶことにします）は元々A社の生え抜きです。社長になる前からA社の経営企画部門を担当するなど、常にA社の経営の中枢にいた人です。そのIさんが、「当時はお客様のことなど考えてもいなかった。競合他社の商品より性能の良いものを作って売ることだけを考えていた」と言われるのです。

Ｉさんが社長になってまずやられたことが方針書（Ａ社―ＷＡＹ）の作成です。その方針書の全社活動方針の一番目にくるのが「お客様が全ての出発点！」という言葉です。全社方針会議でＩ新社長の方針を聞いた当時の社員は「社長は何を言いだしたんだろう」といった感じだったと言います。それまでの売上至上主義の方針が１８０度転換されたからです。それまで会社の中枢として、この売上至上主義を牽引《けんいん》してきたのがＩさん自身だったのですから、社員がビックリしたのは無理もありません。

Ｉさんは、「方針書はそれまでの自分の反省として作った。それまでの売上至上主義の経営は間違っていた。それを自分自身が推進し成果が出せない組織にしてしまい、挙げ句の果てには親会社から分社化され、社員を辛《つら》い目に遭わせてきた」と言われます。私はＩさんに、「あなたは社長になる前から会社の中枢におられた。どうして社長になる前から正しい経営をしてこなかったのですか」と聞いたことがあります。Ｉさんの答えは「世の中をなめていた」というものでした。Ｉさんの地頭が恐ろしくいいのは少し話せばすぐにわかります。その優秀さゆえの油断があったのかもしれません。

ドラッカーが60年以上前に、企業の目的は決して利益をあげることではないというビジネスの基本と原則を指摘してくれていたにもかかわらず、「企業が売上や利益を目的にするのは当然であり常識である」と多くの人が思っている。常識は必ずしも正しいものではありません。Ｉさんもそれまでは常識に従って行動しておられたのかもしれません。

ただ、この経営方針の大転換を起点にして、Ａ社は大きく変わり始めるのです。Ａ社は当時従業員１５０名くらいの会社でした。Ｉさんはそれまでも A 社の中心人物であり、多くの社員がＩさんを能力的にも人間的にも尊敬し、Ｉさんと社員との間には信頼関係がありました。さらには元々が体育会系の上意下達の風土ですから、この方針は社員に受け入れられ、社員の行動は以前と様変わりし、社長就任後3年で黒字化するという結果につながっていきました。

Ｉさんが作った方針書には「事業がうまくいかないことがあれば、それは私たちの知識と行動がお客様とズレているからです」と書かれています。事業を成功させるには顧客を起点にするしかないのです。

(3) なぜ「顧客の創造」なのか

企業の目的が利益をあげることでないなら、企業の目的は一体何なのでしょうか。前述したようにドラッカーは、「事業の目的として有効な定義はただ一つである。それは、顧客を創造することである」と言います。私はこの一文を読んだとき、どうしてドラッカーはこんな奇を衒《てら》ったような言葉を使うのだろう。顧客満足ではダメなのだろうかと思いました。顧客満足や顧客第一主義を標榜《ひょうぼう》している会社は世の中に沢山あります。

ドラッカーからすれば、やはり顧客満足ではダメなのです。その理由は二つあります。

一つ目は、社会は生き物であるということです。生き物の最大の特徴は変化するということです。社会は変化する。そしてこの社会がどのように変化していくかの先行きはだれもわからない。変化し、その先行きがわからない社会の中で企業が生き残っていくためには、顧客満足では遅すぎる。自らが顧客を創り出す、市場を創り出すということができなければならないのです。ドラッカーは「市場は、神や自然や経済的な力によって創造されるものではない。企業人によって創造される[6]」と言います。

二つ目は、顧客は自分自身のニーズや欲求をそもそも自分自身がよくわかってはいないということです。ドラッカーの主要な著作の多くは、今から40年以上前に出版されていますので、彼が書いた本の事例を使うと古くなるのですが、例えばコンピューターはその当時顧客からの具体的な要求によってＩＢＭが開発したものではありません。ＩＢＭがコンピューターという商品を世に出し市場が拡がったのです。最近の事例で言えば、iPhone という商品

6　『現代の経営』Ｐ・Ｆ・ドラッカー著、上田惇生訳、（ダイヤモンド社）

はユーザーがそれを具体的にイメージして、アップルに「こんな商品を作ってくれ」と言って作られたものでしょうか。汗を熱にかかえるデザイン性のよいヒートテックという商品も、顧客が具体的にユニクロに要望して作られたものでしょうか。

どんな分野でも一般的には、顧客より企業側の方が多くの情報と知識と経験を持っているものです。顧客が望みもしない、要求もしない、想像さえしない商品やサービスを創り出すことこそが企業が行うべきことなのです。

この「顧客の創造」は、原書では"create a customer[7]"です。私は原書でこれを読んだときにも違和感がありました。なぜ、"create customers"ではないのだろうかと思いました。一人のお客さんを創り出しても事業にはならない。確かに、ドラッカーも顧客の創造を通して市場を創造せよと言っていますが、「顧客の創造」の原文は、私が知る限り一貫して"create a customer"です。ドラッカーほどの人が単語を選ばずに使っているとは思えません。ここからは私の想像ですが、ここにもドラッカーの「人間の幸せ」という考え方が色濃く反映されているのではないかと思います。

私の事例で恐縮ですが、私が書いた『財務3表一体理解法』という本は70万部を超えるベストセラーになったと言いました。これは私が、「世の中に財務会計のことがわかってない人が多いから、この分野のわかりやすい本を書いたらベストセラーになるだろう」などと思って書いたわけではありません。

今から約15年前、コンサルタントとして駆け出しだった私は、中小企業の社長のお手伝いをしていました。私の顧問先の最大の課題は資金繰りでした。私が事業計画書のようなものを作り、社長と一緒に金融機関に融資のお願いに行くのですが、金融機関の担当者からは、「國貞さん、あなたはコンサルタントでしょ。この会社に生涯責任を持つことなどないでしょ。いつかどこかに行くんでしょ。あなたの隣に座っているこの社長さんが、個人保証までして借金に責任を持たないといけないんです。でも、失礼ながらこの社長さんはバランスシートさえ読めない。そんな社長さんに金融機関としてお金を貸せると思いますか」と言われました。

金融機関の立場に立てばごもっともなことです。社長と一緒にすごすごと事務所に戻りました。その後、簿記さえ勉強していないこの社長さんにどうやったら財務会計を理解してもらえるだろうかと、ずーっとずーっと考えていてパッと頭に浮かんできたのが、あの「財務3表一体理解法」という、簿記を勉強しなくても会計がわかる、今までにない全く新しい会計の勉強法だったのです。

7　Peter F. Drucker "The Practice of Management" Harper

何が申し上げたいか。もちろん、沢山のデータを分析して素晴らしい商品やサービスが出てくることもあるかもしれません。しかし、本当にお客様の心に響く、長く多くの人々に支持される商品やサービスは、自分が担当しているお客様に密着し、顧客がどんなニーズを持ち、どんな現実の中におり、どんな価値観を持っているかを知ることからスタートしなければならないのです（もちろん、これもドラッカーの“start out with the needs, the realities, the values of the customer[8]”という言葉の引用です）。

一人の人の悩みや苦しみを救うことができる人は万人を救うことができます。「人間の幸せ」を常に考えていたドラッカーが、敢えて“create a customer”と言った意図も、ここにあったのではないかと思います。

日本人の偉大な先輩の中にも同じようなことを言っている人がいます。二宮尊徳は多くの貧村を救った人です。彼が言ったのは「一村を救いうる方法は全国を救いうる。その原理は同じである」でした。

（4）企業に必要な4つの機能

いかなる企業も顧客に支持されなければ生き残っていけません。顧客があなたの会社の商品やサービスを買ってくれなくなれば企業は潰《つぶ》れるのです。ドラッカーは「顧客こそが企業の基盤である。顧客こそが企業を存続させる[9]」と言います。その通り。顧客しかないのです。

では、企業の目的である「顧客の創造」のために何が必要なのでしょうか。ドラッカーは企業には四つの機能[10]（functions[11]）が必要であると言います。

一つ目はマーケティングです。顧客を創造するためにはまずお客様を知り尽くすという機能が必要です。マーケティングというと、市場分析や広告戦略などがイメージとして頭に浮かぶ人もいるかもしれませんが、マーケティングとは顧客や市場を徹底的に理解することです。私は「顧客以上に顧客のことを知ること」がマーケティングだと思っています。

二つ目はイノベーションです。顧客は自分の本当のニーズや欲求がよくわかっていない。前述したように、顧客より企業側の方が多くの情報と知識と経験を持っているものです。また、普通の人間は見たことがあるものしか想像できません。企業は、顧客が望みもしない、要求もしない、想像さえしない商品やサービスを創り出せなければなりません。つまり、企

8　Peter F. Drucker "Management: Tasks, Responsibilities, Practices" Collins Business
9　『マネジメント　課題、責任、実践』Ｐ・Ｆ・ドラッカー著、上田惇生訳、（ダイヤモンド社）
10　『現代の経営』Ｐ・Ｆ・ドラッカー著、上田惇生訳、（ダイヤモンド社）
11　Peter F. Drucker "The Practice of Management" Harper

業は顧客にとっての新しい満足を生み出さなければならないのです。

「マーケティング」と「イノベーション」という英語の言葉が並びました。ここでこの本から離れて、みなさんの現場での仕事を想像してみてください。みなさんがみなさんの部下や後輩に「こんな仕事をしてください」と依頼したとします。そして、その部下や後輩がみなさんの依頼通りのアウトプットを出してくれたとします。その子はいい子です。言われたことをちゃんとやってくれました。しかし、どこの組織でも、上司に言われたことだけやっていれば一人前のビジネスパーソンなどと言われることはありません。現場のことは担当者の方がよく知っていて、上司の意を汲《く》んで、現場の情報をベースに、上司の期待以上のアウトプットを継続して出せるようになって初めて、一人前のビジネスパーソンになったと言われるようになります。

このことを会社に当てはめてみましょう。「弊社はお客様第一主義でお客様のニーズを満足させています」という会社があったとしましょう。その会社はいい会社です。しかし、その仕事のやり方は新入社員君の仕事のやり方です。繰り返しますが、一般的には顧客より企業側の方が多くの情報と知識と経験を持っています。顧客が望みもしない、要求もしない、想像さえしない商品やサービスを創り出せるようになって初めて、一人前の企業になったと言えるのです。

ドラッカーは「マーケティングの目的は販売を不要にすることである（the aim of marketing is to make selling superfluous.[12]）」と言います。会社は「私たちの商品やサービスの特徴はこれこれです」と顧客にアピールするのではなく、顧客を顧客以上に知り尽くし、顧客に対して「あなたが求めている商品やサービスはこれでしょう」と言って、顧客が期待している以上のものを提供できなければならないのです。

ドラッカー経営学は世の道理を語っているに過ぎないのです。アップルもグーグルもアマゾンも星野リゾートも、最近うまくいっている会社はおしなべて、顧客を起点にして顧客の期待以上のものを提供し続けている会社です。

三つ目の機能が管理的機能です。原書では“administrative function”です。直訳すれば「経営管理的機能」です。あの「経営学修士」の英語であるMBA（Master of Business Administration）の“administrative”です。組織は人が集まって仕事をしますから、経営管理的機能が必要なのです。この経営管理的機能の経済的側面を生産性（productivity）と言います。この経営管理的機能の要点については、第3章から第5章で詳しく解説していきます。

12　Peter F. Drucker “Management: Tasks, Responsibilities, Practices” Collins Business

そして、最後の四つ目の機能が、事業がうまく機能しているかどうかを評価（test of this performance[13]）するための利益の機能です。利益は企業の目的ではありません。企業の目的は企業の外にあります。利益とは結果です。企業のマーケティングとイノベーションと経営管理的機能が、正に文字通りふさわしく機能して初めて企業に利益がもたらされるのです。ただ、利益は「事業活動の唯一の評価基準である[14]」とドラッカーは言います。

企業は売上をコントロールすることはできません。売上をコントロールするのは唯一お客様です。企業側がお願いしようが恫喝しようが、お客様は欲しくないものは買わないのです。その売上の結果の利益などそもそも企業がコントロールできるはずなどないのです。

では、利益があがっていない会社は何が悪いのでしょうか。それは、企業内部のマーケティングの機能がお粗末なのか、イノベーションの機能がお粗末なのか、経営管理的機能がお粗末なのか、そのどれかまたはそれらすべてがお粗末だから利益があがらないのです。

ただ、企業にとってありがたいのは、この利益という評価基準があるから、フィードバック分析により、企業内部のマーケティング・イノベーション・経営管理的機能を改善していくことができるのです。

企業人がよく、「公的機関は効率が悪い」などと非難することがあります。私は２００５年からずっと東京都庁において課長昇任前の管理職研修を担当してきましたが、東京都庁の課長クラスの人は極めて優秀です。ただ確かに、公的機関の仕事が効果的でないことがあります。それはなぜか。公的機関には成果を測定する利益の機能がないからです。だから、効果的でない仕事や無駄な仕事が残っていってしまう危険性があるのです。公的機関の仕事を効果的にする方法は第8章で別途解説します。

（5）ドラッカー経営学における事業の概念図

図1―1はIさんがA社の社長のときに考案した概念図です。ドラッカー経営学の枠組みをわかりやすく説明しているので、Iさんに許可を得て使わせていただいています。

Iさんは社長のころ、会社の方針をわかりやすく従業員に伝えることに腐心しておられました。それは従業員に実行してもらうためです。人は理解できなければ実行できません。そして、組織においてはいくらいいことを言ってもそれが実行されなければ成果にはつながらないのです。

図1―1を使いながら、これまで述べてきたことをもう一度繰り返し説明します。企業の

13　Peter F. Drucker "The Practice of Management" Harper
14　『現代の経営』P・F・ドラッカー著、上田惇生訳、（ダイヤモンド社）

図 1-1　ドラッカー経営学における事業の概念図

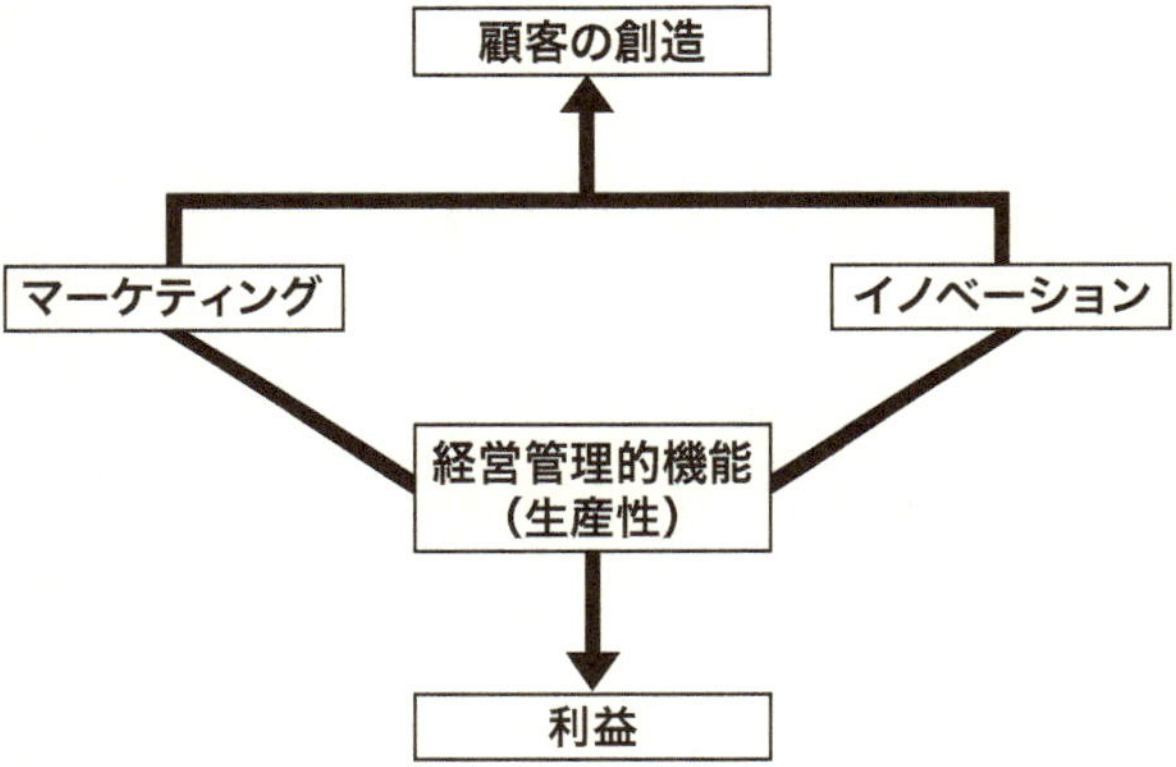

目的は利益をあげることではありません。企業の目的は顧客を創造することです。そのためにマーケティングとイノベーションの機能が必要になります。そして、資源を効率よく活用するために経営管理的機能が必要になります。この経営管理的機能の経済的側面を生産性と言います。これらマーケティングとイノベーションと経営管理的機能がうまく機能することによって利益がもたらされるのです。

　この図で大切なのは、顧客の創造が上で、利益が下にあることです。利益は決して目的ではなく、事業活動の結果としてもたらされるものなのです。

　この図1―1のタイトルを当初は「ドラッカーが教えてくれる事業の構造」にしていました。「事業とは何か」を理解する上でとてもわかりやすい図だったからです。しかし、ここで言っている機能とは構造のことではありません。会社の中にマーケティング部やイノベーション部といった組織を作ればいいという話ではないのです。すべての社員が顧客を起点にし、顧客の期待以上の価値を提供しようとし、人という貴重な資源を有効に活用するということを考えなければならないということなのです。

（6）企業存続の条件としての利益

利益をあげることは決して企業の目的ではありません。しかし、利益は企業にとって極めて重要です。ドラッカーは「企業にとっての第一の責任は、存続することである[15]」とも「企業の永続こそ、マネジメントにとって決定的な評価基準である[16]」とも言います。

ドラッカーは「天使を取締役に持ってきたとしても、つまり金銭に対する興味がまったく存在しなかったとしても、利益に対しては重大な関心を払わざるをえない[17]」と言います。それは、企業にとっての利益とは、私たち人間にとっての水のようなものだからです。

15 『現代の経営』P・F・ドラッカー著、上田惇生訳、（ダイヤモンド社）
16 『マネジメント　課題、責任、実践』P・F・ドラッカー著、上田惇生訳、（ダイヤモンド社）
17 『【エッセンシャル版】マネジメント』P・F・ドラッカー著、上田惇生編訳、（ダイヤモンド社）

私も含めこの本の読者のだれ一人、水を飲むためにこの人生を生きている人などいないでしょう。しかし、私たちは水がなければ生きていけません。企業も同じです。企業の目的は決して利益をあげることではありません。企業の目的は企業の外にあります。しかし、企業は利益がなければ存続できないのです。つまり、利益とは企業の目的ではなく、存続の条件なのです。

ただ、目的とされるより条件とされる方がきつい。目的を失っても生きていけますが、条件が満たされなければ存続できなくなるからです。

A社の新入社員が大学時代の友達に次のように言っているというのを聞いたことがあります。「みんなはノルマで大変かもしれないけど、うちの会社にはノルマがない。顧客の声だけ聞いていればいい。顧客起点のいい会社なんだ」と。私は彼を叱りつけました。とんだ勘違いです。いくら顧客の声を聞いてもそれが利益につながらないなら意味がない。何ら顧客の価値を生み出せていない。企業として意味のある活動が行えていない。全従業員が利益に重大な関心を示しながらも、顧客を起点にし、顧客の期待を超える商品やサービスの提供に知恵を使っていかなければならないのです。

企業のトップがドラッカー経営学の導入に躊躇《ちゅうちょ》するのもこの点ではないかと思います。つまり、「『顧客の創造が目的で、利益はその結果にすぎない』などと甘っちょろいことを言っていて、本当に会社を維持するために必要な最低限の売上を確保できるだろうか」という不安ではないかと思います。社長と従業員の大きな違いの一つは、この事業存続への責任感だと思います。だから、「利益が目的ではない」などと言われると不安になるのだと思います。

しかし、ドラッカー経営学を正しく理解すれば何も心配することはありません。前述したように、ドラッカーは利益こそが事業活動の唯一の評価基準であり、利益には重大な関心を示さなければならないと言っています。

企業が利益をあげることを罪と感じたり、弁解したりする必要はありません。企業は高い利益をあげて初めて社会に貢献することができるのです。ドラッカーは次のように言います。「社会と経済にとって必要不可欠なものとしての利益については、弁解など無用である。企業人が罪を感じ、弁解の必要を感じるべきは、経済活動や社会活動の遂行に必要な利益を生むことができないことについてである[18]」

（７）利益を目的にすることの危うさと従業員を外向きにすることの大切さ

しかしながら、断じて間違ってはならないのは、利益は企業の目的ではないということで

18　『マネジメント　課題、責任、実践』Ｐ・Ｆ・ドラッカー著、上田惇生訳、（ダイヤモンド社）

す。利益が目的になれば、事業の中身などなんでもよく、単に商品を安く仕入れて高く売ればいいということだけになってしまいます。さらに、売上や利益を目的にすることによってさまざまな弊害が出てきます。

売上や利益という単なる数字が独り歩きを始めます。「〇〇円の売上死守」などと言っても、売上や利益はそう簡単にあがるものではないことはビジネスを行っている人ならだれでも知っています。売上や利益をあげるには、顧客との信頼関係を構築しなければなりませんから大変な努力と時間が必要になります。

そんな中で社長が売上や利益を強調すれば従業員はどうするか。架空の売上や在庫の積み増しなど、粉飾や隠ぺいなどに向かわざるを得ないのです。企業の不祥事のほとんどは、厳しい売上至上主義や利益至上主義によって起こっています。

企業の目的が利益だと考えている会社は、最終的に顧客や社会から相手にされなくなります。自社の利益を第一に考えている会社は、自社にとって一番利益があがりそうな仕事をまず取りにいきます。その仕事を失注してしまえば、次に利益があがりそうな仕事を取りにいきます。その仕事をまた失注すれば、その次に利益があがりそうな仕事を取りにいきます。そのような、自社の事業の目的や使命が明確でなく、自社の事業に対する誇りもない会社は、最終的にだれからも相手にされなくなるでしょう。

数値だけを目的にすることの最大の問題は、従業員のモチベーションです。自分の数値目標を達成することだけでモチベーションがあがる人もいるでしょう。ただ、ほとんどの人は本来、「だれかの役に立ちたい」と思っています。自動車販売会社の営業マンは販売台数というノルマを課せられていますが、本当の彼らのモチベーションは、「あなたから買って良かった」という顧客からの言葉なのです。

もちろん、数値管理は大切です。予算も大切です。しかし、顧客に貢献して業績をあげるというそもそもの目的を忘れ、予算を守ることが目的になれば予算管理は失敗です。「予算を果たしたからもう仕事はしなくてもいい」とか、必要もないのに「今期の予算だから今期中に使いきろう」などという従業員が増えてきたら、競争のある社会の中で太刀打ちできなくなるのは目に見えています。

ドラッカーは予算について次のように言います。「予算によって、資源を成果に向けて配賦することができる。（中略）人のエネルギーを成果に向けさせ、かつ組織としての成果を人の成長に結びつけることができる[19]」つまり予算とは、単に目指すべき数値ではなく、い

19　『経営の真髄』P・F・ドラッカー著、ジョゼフ・A・マチャレロ編、上田惇生訳、（ダイヤモンド社）

かにその数値目標を達成するのかという方法論、つまりマーケティング、イノベーション、生産性向上の具体的行動とセットになり、顧客への貢献という組織の成果と人の成長に結びついていなければ意味がないのです。

社長は「予算必達」と厳しく言うかもしれませんが、社長が本当に聞きたいのは、予算を達成するための納得できる具体的な方法論です。予算必達の根拠になるのは、マーケティング、イノベーション、生産性向上の具体的な施策以外にないのです。

企業が経済的な成果を生み出す組織であることは間違いありません。それが企業の特徴であり存在意義です。ただ、経済的な成果とは、利益を目的にすることではなく、買わないという選択肢もある顧客が、進んでお金を支払ってくれる値段で、顧客がほしいと思う商品やサービスを提供すること（supply goods and services desired by the customer at a price the customer is willing to pay[20]）なのです。顧客は簡単にはお金を払ってくれません。この難しさを仕事にするのが、経済活動を行う企業人なのです。

だから、社長やマネジャーは、常に従業員の目を顧客に、そして社会に向けるようにしなければなりません。社長やマネジャーには人事権や組織編成権がありますから、従業員は基本的に上を向いて仕事をしています。顧客より上司の意向に注意を払うようになります。放っておけば従業員はすぐに内向きになってしまうのです。

つい先日も大手企業のマネジメント研修の際に、受講生のマネジャーが「顧客の要望を聞きたいという気持ちもあるんだけど、顧客から給料をもらっているわけではない。会社から給料をもらっている。だから顧客の言うことを聞くより上司の言うことを聞く」と言っていました。とんだ大間違いです。従業員の給料は社長がポケットマネーで払っているのではありません。従業員の給料も交通費も事務所の賃貸料も会社の開発費も、元はと言えばすべてお客様が支払ってくださったお金なのです。

企業にとっては顧客がすべてです。顧客しかありません。顧客に選ばれなくなれば企業は終わりです。成果は企業の外にしかありません。そもそも貢献もしていないのにお金をいただくというのは人の道に反しています。貢献があってその結果としてお金をいただくのです。顧客の創造があってその結果として利益がもたらされるのです。

(8) 実際の運用は「顧客（価値）の創造」

36ページの図1―1でドラッカー経営学における事業の概念図を説明しましたが、A社の実際の運用では、図の一番上の「顧客の創造」には「顧客（価値）の創造」が使われました。

20　Peter F. Drucker "Management: Tasks, Responsibilities, Practices" Collins Business

図 1-2　実際に運用された事業の概念図

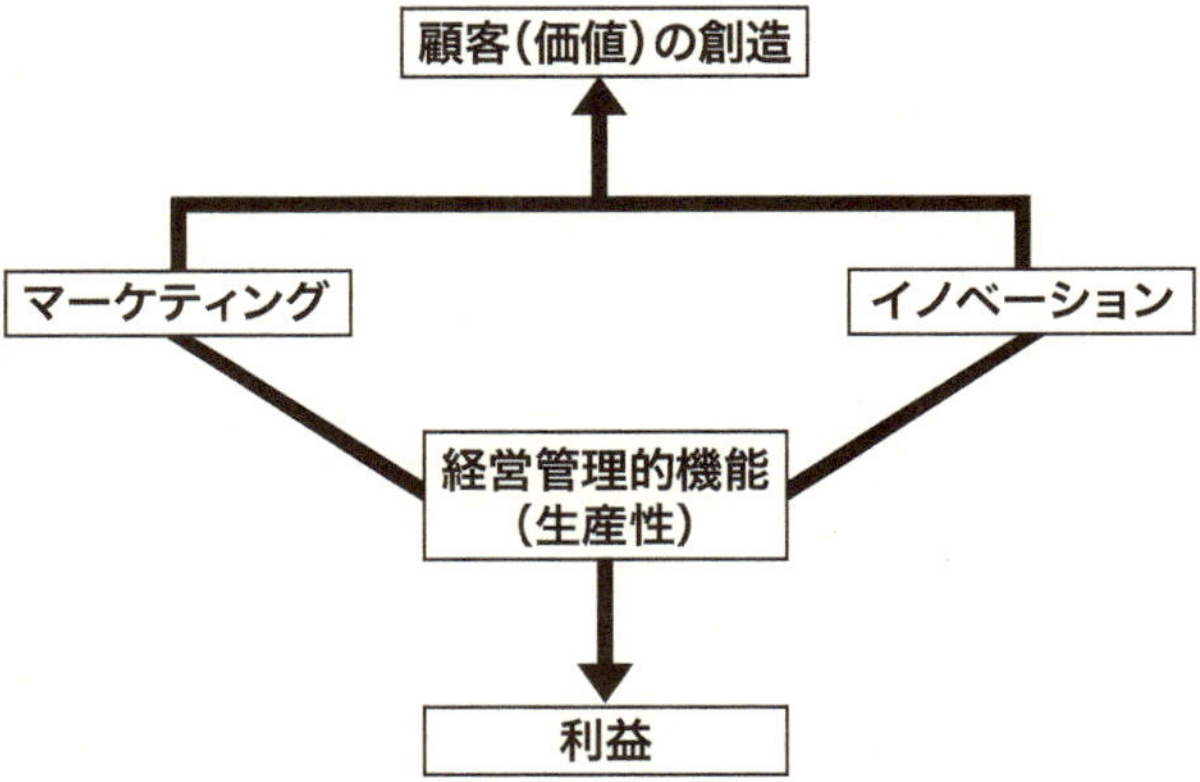

図1―2の通りです。

ドラッカーの「顧客の創造」は、iPhoneやヒートテックのような、顧客起点のイノベーションで今までにない新しい商品やサービスを提供し、顧客の創造を通して市場を創造することをイメージしています。

しかし、現実的には現場で働く一人ひとりの従業員が、自分の目の前の仕事を通してiPhoneやヒートテックのような新市場を創り出すというのはなかなか難しいものがあります。

「顧客の創造」の原文は“create a customer”ですし、一人ひとりのお客様を大切にするというのは、Iさんの重要な経営方針でした。そのことが、“create a customer”の“a”をことさら重要視してドラッカー経営学を解説した拙著『究極のドラッカー』をIさんが気に入ってくだざった一つの理由でもありました。ですから、「顧客の創造」を「顧客（価値）の創造」に換えていいものかということについては、A社内で私も入ってかなり議論しました。

最終的には、ドラッカー経営学は日々の行動に落とし込まれなければ意味がないという観点から、「顧客（価値）の創造」を使うことにしました。一人ひとりの従業員にとっては、「顧客の創造」と言われるより、「顧客が価値あると思うものを創造する」と言われる方が、自分がやるべきことがイメージしやすくなります。

最終的に「顧客（価値）の創造」としたのには別の理由もあります。ドラッカーは『経営者に贈る5つの質問』（ダイヤモンド社）という本を書いています。この5つの質問は、元々非営利組織のためにドラッカーが考案した5つの問いなのですが、企業をはじめあらゆる組織で使える意味深い問いです。

1. われわれのミッションは何か？
2. **われわれの顧客は誰か？**
3. **顧客にとっての価値は何か？**
4. われわれにとっての成果は何か？
5. われわれの計画は何か？

この5つの問いがなぜ意味深いか。それは「組織はすべて、人と社会をより良いものにするために存在する。すなわちミッションがある。目的があり、存在理由がある[21]」からです。

この5つの問いの中の2番と3番の問いに注目してください。企業にとって一番大切なのは顧客です。そして、その顧客が何を大切にしているか（顧客にとって価値あるもの）を知ることから、すべての事業活動が始まるのです。マーケティングとは「顧客以上に顧客のことを知ること」だと言いましたが、顧客の何を知らなければならないかと言えば、顧客が価値があると思っていることを知らなければならないのです。

「顧客の創造」を「顧客（価値）の創造」にしても大きな方向性に問題はなく、現場の従業員の体が動きやすいだろうとの観点から、A社では「顧客（価値）の創造」を旗印にしてドラッカー経営学を実践していきました。

そうするとA社の現場でどんなことが起こったか。それまでA社の営業マンは、販売店に行っても、自分の会社の商品を他社の商品より目立つように陳列することばかり考えていました。商品説明のパンフレットもA社が訴求したいことを網羅した分厚いものを作っていました。

ところが、「顧客（価値）の創造」を旗印にしてからは、そもそも販売店の店頭が最終顧客にとって買いものをしやすい陳列になっているかという視点になっていきました。また、A社の商品を最終顧客に販売している販売店（A社にとっての第一顧客）の店員は、A社の商品以外の他社の商品も販売しています。実は、販売店の店員は分厚いパンフレットより、差別化ポイントが一言で説明できる簡単なパンフレットを望んでいるとかといったことに気付くようになっていったのです。

そして、そのような一人ひとりの営業マンの現場での気付きや知恵を職場で共有し、他の営業マンも実践していきました。全従業員がいつも顧客のことを第一に考え、顧客にとって価値あることを実践していきますから、A社の第一顧客である販売店の売上や利益もしだいにあがっていきました。そんなことを何年も続けていれば、販売店の方が「うちの商売はA社がなければ成り立たない」というようになっていき、A社自体の売上や利益もあがっていくという好循環につながっていったのです。

次にA社のイノベーション活動についても少し触れておきます。ドラッカーはイノベーションに関して“New & Difference”という言葉をよく使いました。日本語の翻訳本では「今までにない新しいもの」と訳されています。

21　『経営者に贈る５つの質問』P・F・ドラッカー著、上田惇生訳、（ダイヤモンド社）

A社の現場でよく起こった混乱は、「イノベーションと改良・改善の違いは何か」といった議論でした。実際にその線引きをするのは難しいのが現実です。なので、A社では“More & Better”から“New & Difference”まで、つまり改良・改善からイノベーションまでをすべてイノベーションととらえて、「今までにない新しいことを創造すること自体が日々の仕事である」と位置づけてイノベーションに取り組みました。

実はイノベーションの種も現場にあります。そういう意味では、イノベーションの基礎はマーケティングです。現場に出て、「目を見開き、関心を持って、耳をそばだてる[22]」と、思いがけない気付きが沢山あります。

例えば、顧客は企業側が思ってもいないところに課題を抱えています。A社の事例で説明しましょう。A社の商品は、A社の第一顧客である販売店が商品の最終的な取付けをします。A社では、取付けには多少時間がかかっても安い商品の方が好まれるだろうと思っていました。しかし、昨今の人手不足の影響で、商品の値段より取付け時間が短い方が、第一顧客からは何倍も喜ばれるといったことに気付かされるのです。そのことがわかれば商品の設計思想自体が変わってきます。

イノベーションの機会は変化の中にあります。右記の事例も、人手不足という変化が、新たなニーズを生み出していたのです。なお、イノベーションを起こす方法論については第6

章で改めて解説します。

(9) V字回復した第二の理由（徹底的な数値管理）

44ページの図1―2の概念図のマーケティングとイノベーションに関して、A社の事例を少しだけ紹介しました。「経営管理的機能（生産性）」については第3章から第5章で詳しく説明しますが、ここでは、A社のV字回復の第二の理由である徹底的な数値管理について説明しておきます。これはドラッカー経営学の影響によるものではなく、A社がそれまでに持っていたA社の強みです。

A社の社長であったIさんは、彼が経営企画課長のころから膨大なデータの収集と分析をしていました。この徹底的な数値管理が大きな効果を発揮していたのが、A社の中で「生販会議」と呼ばれていた、生産・販売・在庫の予測会議です。

A社は製造に3ヵ月のリードタイムが必要な製品を販売していました。つまり、生産指示から製品ができあがるまでに3ヵ月かかっていました。この会社では3ヵ月先の販売数量を

22『イノベーションと企業家精神』P・F・ドラッカー著、小林宏治監訳、上田惇生＋佐々木実智男訳、（ダイヤモンド社）

正確に予測しなければなりませんでした。その予想が狂えば、欠品が出て販売機会を失うか、はたまた多くの在庫が積み上がるかで、売上や利益に大きな影響を与えることになってしまうのでした。

A社では「どこから入手してきたのだろうか」と思うような、業界や顧客の幅広く且つディープな情報を入手し、それに加えて個々の営業マンの現場の声を拾い上げ、この「生販会議」とその準備に恐ろしい時間をかけて、3ヵ月後の販売予測をしていました。その予測資料は、商品毎、部品毎、流通毎、顧客毎に緻密《ちみつ》さを極め、細かい数字がぎっしりと詰まった厚みのあるものでした。そして、その予測の的中率は驚異的なものでした。

また、この生販会議とは別に、日々の売上や利益の数字が、顧客別・流通別・商品別に整理され、その数字が一人ひとりの営業マンに紐付《ひもづ》けされているのです。そして、そのデータから変化を読み取るのです。数字がどこかで変化する。その変化の裏では必ず現場で何かが起こっている。数字の変化をチェックし、現場でその原因になっている現象を確認し、具体的な手を打っていくのです。

売上や利益を声高に叫びながら、社内の数値管理はどんぶり勘定のような会社は沢山あります。自分の会社がどの顧客から利益をいただいていて、どの流通が利益をあげてくれていて、どの商品が利益を稼いでいるのかよくわかっていない会社もよくあります。そんな杜撰《ずさん》な経営管理では、利益があがるはずがありません。

A社は、生産・販売・在庫の徹底的な数値管理を行っている一方で、予算会議は開いていませんでした。たぶん、予算会議を開いてもあまり意味がないことがわかっていたからでしょう。

予算管理とは、予算と実績の差異分析です。ですから、会社によっては「予実管理」などと呼ばれているところもあります。数値による差異分析をすることによって初めて、異常を発見できるようなこともあります。しかし多くの場合は、予算管理でわかることは、予算と実績が違うということだけで、それに対して何も手を打てないことがほとんどです。手を打てるようなことならすでに現場が手を打っています。予算と実績に差が出るのは、経済環境が変わったとか、顧客の方針が変わったとかといった、どうしようもないことが発生しているからなのです。

この現実認識から、A社のIさんは、手を打てない予算会議をやめ、経営に直結する上に手を打つことができる生販会議にエネルギーを集中したのだと思います。

このようなことこそが生産性を上げるということです。成果につながることに時間をかけ、成果につながらない活動は廃棄していくべきなのです。

余談になりますが、従業員の日々の業務は、仕事をしているか会議に出ているかの2つしかありません。会議に出れば仕事ができなくなります。出席する会議が顧客の価値に貢献するものであったり、生産性を上げる上で効果的なものであったりすればいいのですが、成果に結びつけるという目的も意欲もない会議が、多くの会社で沢山開かれているように感じます。

みなさんの会社では、たいして意味があるとも思えない会議に、意見も言わず発言もしない人が沢山参加し、貴重な時間を無駄にしているというようなことはないでしょうか。

〈コラム①〉物理的なものは"analysis"、生物的なものは"perception"

ドラッカーの本を読むと、「知覚」という言葉が頻繁に出てきます。「知覚」は、原書では"perception"です。"perception"の動詞形の"perceive"は、「理解する」とか「気づく」と訳されますが、日本語感覚で言えば「悟る」とか「看破する」といった意味合いがある言葉です。

ドラッカーは「知覚」ということを極めて大切にしていた人でした。ドラッカーは次のように言います。「物理的な現象では、全体は部分から成り、かつ部分の合計に等しい。したがって、分析（analysis）によって理解することが可能である。しかし、生物的な現象には、部分はなく、すべて『全体』である。部分を合計したところで全体とはならない[23]」

物理的な現象は、全体を部分に分解して分析することによって理解できます。しかし、社会や人間といった生物的な現象は、全体を部分に分解して分析しても理解できない。生物的な現象には、知覚的な認識が極めて重要だと言うのです。つまり、全体を全体として見つめ、その本質を〝perceive（気づき、悟り、看破）〟しなさいということだと思います。

デカルトの「我思う。ゆえに我あり（I think, therefore I am.）」という言葉が示す通り、欧米ではデカルト以来、考えること（think）、つまり論理的思考がものごとを理解するための中心となってきました。しかし、世の中には論理的思考だけでは理解できないことが沢山あります。その人の心を含めた一人の人間などというものは、いくら人間を分解して分析してもわからないのです。

ものごとの本質が何もかも論理的な思考によって解明されるわけではありません。そういった意味で、ドラッカーは考える（think）ことと共に見る（see）ことの大

23　『新しい現実』P・F・ドラッカー著、上田惇生＋佐々木実智男訳、（ダイヤモンド社）

切さを強調していました。ドラッカーは社会生態学者として、社会と人間を全体として見つめ、その全体の中から本質を〝perceive（気づき、悟り、看破）〟していたのだと思います。

第2章　あなたの会社に明確な特徴はあるか？

（1）すべての顧客を相手にしようとするからダメなのだ

企業の目的が顧客の創造であるなら、次に考えることは何か。必然的に、顧客はだれか、つまり何を事業としているかということになります。

しかし、ドラッカーは、「われわれの事業は何か」という問いの答えを出すのは極めて難しいと言います。ドラッカー経営学を少し勉強して、「ドラッカー経営学では『顧客はだれか』という問いが大切なんですよね」などと言って、「わが社の顧客はだれか」といったことを哲学的に考えることから始めて、かえってドラッカー経営学の本質を見失い、ドラッカー経営学を難しいものだと思い込んでいる人がいます。

ドラッカーは「事業が何であるかを決めるのは、生産者ではなく顧客である。社名や定款ではない。顧客が製品やサービスを購入して満足させる欲求が何であるかが、事業が何であるかを決める[24]」と言います。この重要ではあるが、答えを出すのが極めて難しい「われわれの事業は何か」ということについては、「第2章（7）機能する事業の定義は現場の試行錯誤の結果として定まってくる」で改めて解説します。

ここでは「われわれの事業は何か」という本質的な議論はひとまず横に置いて、もう少しシンプルに考えてみましょう。現実的に事業を行っている企業は、現在の事業が何であるかは答えられると思います。「ラーメンを作って売っている」とか「自動車を造って売っている」とかといったシンプルな答えです。

自社の事業が何であるかが答えられたら、次に顧客から問われるのは「おたくは何が違うのですか」ということです。それはどんな事業を行っていても同じことです。この問いに明確な答えができなければ勝負にはなりません。「弊社は沢山のお客様に最高の商品をお届けしています」などと言う会社は、自ら「わが社には特徴がありません」と言っているようなものです。

ドラッカーは「成果は、単なる有能さではなく、市場におけるリーダーシップによってもたらされる[25]」と言います。ここは非常に大切なところですので、少し長文になりますがドラッカーの言葉をそのまま引用します。

「利益とは、意味ある分野において、独自の貢献、あるいは少なくとも差別化された貢献を行うことによって得られる報酬である。そして、何が意味ある分野であるかは、市場と顧客

24　『現代の経営』P・F・ドラッカー著、上田惇生訳、（ダイヤモンド社）
25　『創造する経営者』P・F・ドラッカー著、上田惇生訳、（ダイヤモンド社）

が決定する。すなわち利益は、市場が価値あるものとし、進んで代価を支払うものを供給することによってのみ得ることができる。そして価値あるものとは、リーダー的な地位によってのみ実現される。（中略）しかしこのことは、業界において巨人でなければならないということでも、製品や市場や技術においてトップの地位を占めなければならないということでもない。規模が大きいということと、リーダー的な地位を占めるということは、同じではない。多くの業界において、最大手でありながら、利益率では最高ではないという企業は多い。（中略）むしろ、二番手、あるいは三番手の方が望ましいことが多い。リーダーシップを発揮できるような市場の一分野、顧客の一階層、技術の一応用に集中できるからである[26]」

ビジネスで成功を収めようと思えば特徴がなければなりません。そのためには何かに集中することが大切なのです。自動車業界を例にとれば、マツダが車好き向けのカッコいいデザインに集中して成功したとか、スバルが米国市場に集中して成功したようなことです。「うちの会社はココが違いますよ」というものが必要なのです。

右記のドラッカーの言葉の引用の中の、「利益とは、意味ある分野において、独自の貢献、あるいは少なくとも差別化された貢献を行うことによって得られる報酬である」というのは原書では、“Profits are the rewards for making a unique, or at least a distinct, contribution in a meaningful area.[27]” です。つまり大切なのは、顧客が価値があると思っている分野において、"a unique, or at least a distinct contribution"（独特な、少なくとも他と全く違う貢献）が必要だということです。これがなければ顧客は進んでお金を払ってはくれないのです。

同じく、ドラッカーの言葉の引用の中の、「そして価値あるものとは、リーダー的な地位によってのみ実現される」というのは原書では、"And value always implies the differentiation of leadership.[28]" です。直訳すれば、「そして価値あるものとは、いつもリーダーシップの差別化を伴うのだ」ということです。つまり、あなたの会社の事業が何か差別化されたものでなければ勝ち目はないのです。

ドラッカーは「リーダーシップ」という言葉を慎重に選んだと思います。それは、必ずしも最高とか最大とか一番とかシェアートップとかいったことではなく、どこかの分野で、「市場や顧客のニーズに最も適合している[29]」何かを提供できるということが「リーダーシップ」ということなのです。

それは、生産方法かもしれないし、顧客への提案のスピードかもしれないし、メンテナン

26　『創造する経営者』P・F・ドラッカー著、上田惇生訳、（ダイヤモンド社）
27　Peter F. Drucker "Managing for Results" Harper
28　Peter F. Drucker "Managing for Results" Harper
29　『創造する経営者』P・F・ドラッカー著、上田惇生訳、（ダイヤモンド社）

スの容易さかもしれないし、はたまた集中とは真逆と思われるような品揃えの豊富さかもしれません。どこか顧客が価値あると思っている一分野において、独特な、少なくとも他と全く違う貢献ができることが、リーダー的な地位を占めているということなのです。

ただ、注意しなければならないのは、ドラッカーが次のようにも言っていることです。「市場におけるリーダーシップは、価格や信頼性によって実現される。（中略）さらには、市場においてリーダーシップを握るには、外観、スタイル、デザイン、知名度、最終製品への組み入れコスト、サイズ、アフターサービス、早期の引き渡し、技術指導などが、大きな役割を果たすことがある[30]」

つまり、リーダー的存在であるということは、何も奇を衒《てら》ったような特別なことをしろと言っているわけではなく、極めて現実的な、どちらかといえば地道な努力の積み重ねによって達成されるようなことを言っているのです。

ドラッカーの言葉を長々と引用してきましたが、ドラッカーは何も難しいことを言っているわけではなく、ビジネスの現場では当たり前のことを言っているだけです。つまり、どんな事業を行おうとも、顧客から常に投げかけられる、「おたくは何が違うのですか」という問いに、明確に答えられなければ商売にはならないということを言っているだけなのです。

そして、「おたくは何が違うのですか」という問いには、必ず「それは私（顧客）にとって価値あるものですよね」という問いがセットになっているのです。ドラッカーは次のように言います。「顧客は、メーカーの苦労には動かされない。顧客の関心は、『この製品は自分のために何をしてくれるか』だけである。当然である[31]」

⑵ Ｖ字回復した第三の理由（「すべての顧客」から「明確な特徴」へ）

Ａ社がＶ字回復した大きな理由は、正にこの集中であり、差別化であり、独自の価値提供にありました。

過去のＡ社は、すべての顧客に対して、どの競合他社にも負けない最新・最高の機能が沢山ついている商品を作って販売することだけを考えていました。すべての顧客が対象ですから、顧客にはほとんど関心が無く、気にしていたのはいつも競合他社のことでした。

現在Ａ社は事業の目的を明確に定義しています。それは範囲が明確なだけでなく、皆がそれに向かって頑張ろうという気持ちになり、将来の発展が期待できる、夢のある事業の目的になっています。

30　『創造する経営者』Ｐ・Ｆ・ドラッカー著、上田惇生訳、（ダイヤモンド社）
31　『創造する経営者』Ｐ・Ｆ・ドラッカー著、上田惇生訳、（ダイヤモンド社）

ただ、本書にそれを書くとA社がどの企業なのかわかってしまいます。それはいろんな意味でA社にもご迷惑をかけると思いますので、全く違った業界で説明します。私の子供はたまたま2人ともホテル業界で働いていますので、ホテル業界を例にとってみたいと思います。

それまでは「すべてのお客様に最高のサービスを提供する」といった方針で事業を行ってきたホテルが、「子育て家族のホテルライフを幸せにする」と事業の目的を定義したようなものです。

それまでの対象顧客は「すべてのお客様」ですから、顧客から見ればそのホテルにどんな特徴があるのかわかりません。また、「最高のサービスを提供する」と言っても、最高のものを提供しようと思えばお金もかかります。まず設備を最高のものにしなければなりません。ベッドやソファーも最高にしようと思えばお金がかかります。最高のサービスが提供できる人材を育成するにもお金がかかります。知恵を使って良いものを安く提供できればいいのですが、一般的には最高のものを提供しようと思えばお金がかかります。

一方で、「子育て家族のホテルライフを幸せにする」と事業の目的を定義すれば、いろんな特徴を作り出せます。ベッドではなく畳の部屋の方がファミリー層には使い勝手がいいかもしれません。レストランの椅子は半分を子供用にしておくべきでしょう。朝のバイキング料理でも、子供用の低い台に料理が並べてあったら子供たちは喜ぶでしょう。紙おむつやおむつかぶれ用の薬など、赤ちゃんがいる家庭のトラブルに対応できるサービスを充実させることもできます。

アイデアはいくらでも出てきますし、実際に子供のいる家族に聞けば、もっともっと思いもよらない問題を抱えていると思います。それらに対応していけば、本当に子育て家族から喜ばれる、他に例のない差別化されたホテルになっていきます。

子育て家族向けに特化したホテルはビジネスマンや高齢者には何のメリットもなく、むしろ敬遠されるでしょうが、子育て家族にとっては他に例のない便利なホテルになるのです。顧客を絞ると顧客数が減ると思うかもしれませんが、ある一定の分野でリーダーシップを取れば、その絞り込んだ顧客層のシェアーは極端に高まるのです。さらには、子育て家族の旅行にはおじいちゃんやおばあちゃんも一緒に来ることが多いので、予期しなかった顧客が増えることになるかもしれません。

正にA社はそのような絞り込んだ顧客層のためだけにフィットした商品開発を行うことによって、その分野では驚異的なシェアーを獲得することになったのです。A社にはドラッカー経営学が浸透してきていましたから、マーケティングとイノベーションで、顧客の声を徹底的に拾い上げ、顧客の期待を超える商品やサービスを提供していったのです。

A社の商品やサービスは顧客が価値あると思う分野での差別化であり、A社だけの独特の価値提供ですから、商品やサービスが少し割高であっても、他に類似したものがないので、顧客は進んで対価を払ってくれるのです。それが利益率の向上にもつながりました。

もちろん、成功すれば競合他社がマネしてきます。しかし、事業の目的を明確にせず、一部の成功事例だけをマネしてみても、全社一丸となり「子育て家族のホテルライフを幸せにする」ことにすべての経営資源を注ぎ込んでいる会社にはかなわないのです。繰り返しますが、「リーダーシップ」とは、どこかの分野で市場や顧客のニーズに最も適合している何かを提供できるということなのです。

ここで少し付け加えておきたいことがあります。A社がV字回復した大きな理由は、顧客の絞り込みを行い、そこに資源を集中させたことであることは間違いありません。しかし同時に、A社が親会社を巻き込んで品質改善運動を展開し、製品の不良率を地道に下げていったこともV字回復の大きな理由でした。

さらには、製品の機能が大きな売り物だったと思っていたのが、マーケティングによって、顧客は製品の機能にはあまり関心がなく、デザインで製品を選んでいるということがわかりました。A社がデザインに注力していったこともV字回復の大きな要因でした。

正に前述したように、「市場におけるリーダーシップは、価格や信頼性によって実現される。（中略）さらには、市場においてリーダーシップを握るには、外観、スタイル、デザイン、知名度、最終製品への組み入れコスト、サイズ、アフターサービス、早期の引き渡し、技術指導などが、大きな役割を果たすことがある」ということなのです。

(3) 集中化と市場での立ち位置についての意思決定

ドラッカーは、マーケティングの父と言われるフィリップ・コトラーと仲が良かったせいか、マーケティング自体がそもそも何なのかについては多くを語っていません。フィリップ・コトラーにその役を任せていたという感じだったのかもしれません。ただドラッカーは、企業が顧客や市場のことを知らな過ぎるということについては繰り返し述べています。

ドラッカーが経営戦略について語った本が『創造する経営者』（ダイヤモンド社）です。この本の中からそのようなドラッカーの言葉をご紹介します。「顧客や市場について、企業が知っていると考えていることは、正しいことより間違っていることの方が多い」「企業が売っていると考えているものを、顧客が買っていることは稀である」「自社の製品を購入しない人たちはだれか。なぜ彼らは顧客になっていないのか」

ドラッカーは繰り返します。企業は市場や顧客のことがわかっていない。顧客になっていない人たちのことはもっとわかっていない。そして、だれもが陥りやすい致命的な問題は、企業の人間が常に企業の側からものを見ているということです。

ドラッカーは次のように言います。「供給者たる者は、自らの論理ではなく、市場の論理に従って行動しなければならない。メーカーは、顧客の行動を自分に有利なものにできないならば、自分を顧客の行動に適応させなければならない。さもなければ、顧客の習慣やものの見方を変えるという、はるかに難しい仕事にかからなければならないことになる[32]」

生物学の分野で有名な『利己的な遺伝子』（紀伊國屋書店）という本があります。そもそも人間は遺伝子レベルから利己的な存在なのでしょう。また、人間の本性として支配欲があるということはすでに明らかにされています。なので、人間はどうしても、相手に従うのではなく、相手を自分の思い通りにさせようとするのかもしれません。

Ｉさんが A 社の社長だったころ、従業員に口をすっぱくして言っていたことは「相手の側から自分を見ろ」「相手の立場に立って考えろ」ということでした。なかなかできないことではありますが、これは事業を成功させるための重要なカギなのです。

話を元に戻しましょう。ドラッカーは、その当時すでに明らかになっていたマーケティングに関する右記のような課題を指摘した上で、マーケティングにおいてやるべきことは沢山あるが、まずマーケティングにおいて必要なのは「集中化と市場での立ち位置についての意思決定である（the decision on concentration, and the decision on market standing[33]）」として次にように述べています。

「目標設定は戦略（strategy）であるが、集中化の意思決定は方針（policy）であり、戦闘地域を決めることである。（中略）集中化の意思決定は極めてリスキーであるが、それは正真正銘の意思決定（genuine decision）である。（中略）明らかに、すべての企業がリーダーになれるわけではない。だれもが、市場におけるどのセグメントにおいて、どんな商品、どんなサービス、どんな価値で、リーダーになるべきかを決めなければならない[34]」（日本語翻訳本の『マネジメント　課題、責任、実践』の中の文章の引用ではなく、原書の文章を私が翻訳しましたので、参考文献としては原書の方を記載しておきます。）

本章でふれたマツダやスバルの動きは、ドラッカーが指摘する右記の内容の好例だと思います。両社は共に成功しているからいいようなものの、両社の意思決定には大きなリスクが伴っていたことは間違いありません。

マツダのように車好きに特化することは、日本で一番売れているカテゴリーであるミニバンを捨ててしまうことを意味します。スバルは昔から、「てんとう虫」の愛称で親しまれた「スバル３６０」など個性的な軽自動車を沢山造ってきました。これらの軽自動車の生産を

32　『創造する経営者』Ｐ・Ｆ・ドラッカー著、上田惇生訳、（ダイヤモンド社）
33　Peter F. Drucker "Management: Tasks, Responsibilities, Practices" Collins Business
34　Peter F. Drucker "Management: Tasks, Responsibilities, Practices" Collins Business

完全にストップすることには、社内外から沢山の批判があったものと推測されます。しかし、そのような勇気ある決断があったからこそ、戦闘領域と市場での立ち位置が明確になり、特定の顧客にとってなくてはならない存在になれたのです。

ドラッカーは、１９８５年に出版された『イノベーションと企業家精神』（ダイヤモンド社）の中で、１９６０年前後に自動車工業が突然国際産業になったとき、当時の自動車産業の中で、ボルボ、ＢＭＷ、ポルシェの3社は小さな存在に過ぎず、いずれ姿を消すことになるだろうというのが業界通の一致した見方であった。しかし、結果的にはこの3社が大きな成功を収めたとして、次のように述べています。

「１９６０年当時ボルボは、赤字すれすれの苦闘する小企業であった。（中略）ボルボが売り込んだ『センスある車』のイメージとは、安くはないが過度に贅沢でもなく、とくにファッショナブルでもない車、しかし、本当の値打ちと健全な常識を発散させている車であった。（中略）とくに弁護士や医師などの専門職のための車として売られたのである。

同じく１９６０年ころには弱体の自動車メーカーであったＢＭＷも、成功をおさめた。（中略）ＢＭＷは、（中略）すでにかなりの成功をおさめてはいるものの、まだ若いと思われたい人たち、『違い』がわかり、しかもその違いを手に入れるためには、金を払えることを誇示したいような人たちのための車として、位置づけられたのである。（中略）

そして最後が、フォルクスワーゲンに毛の生えたような車だったポルシェである。ポルシェは、自らの性格づけを大幅に変え、スポーツカーとして売ることとした。自動車が単なる輸送手段ではなく、エキサイティングな何物かであるような人たちのための、唯一の車として売ったのである」

何か、マツダやスバルのＣＭで聞いたことがあるような言葉が並んでいる気がします。マツダやスバルがうまくいったのは当たり前なのです。それは、ビジネスにおける基本と原則に従っているからです。マツダやスバルが行っていることは、１９６０年ころに成功したボルボやＢＭＷやポルシェが行っていたことと本質的に同じです。ただ、言うまでもないことですが、今後これらの会社がどうなっていくのかは全くわかりません。

「集中」がすべての解だとは言いませんが、集中して何かの特徴を作り出すというのは戦略論の基本です。

経営戦略論の分野で有名なのがマイケル・ポーターです。私もサラリーマン時代に企画室で働いていたころは、彼の『競争の戦略』（ダイヤモンド社）や『競争優位の戦略』（ダイヤモンド社）といった本を読み、「五つの競争要因」や「バリューチェーン」という考え方を学びました。最近その復習のために、『【エッセンシャル版】マイケル・ポーターの競争戦略』（早川書房）という解説本を読みました。

その本の帯には「なぜ『最高』や『一番』を目指すべきでないのか?」と書かれています。もちろんこの本はマイケル・ポーター経営学の解説本ですから、「五つの競争要因」や「バリューチェーン」について解説しています。ただ、そこに出てくる成功企業の例のほとんどが、独自の特徴を持っているということを言っています。本の中に頻繁に出てくる言葉が「独自性」であり「差別化」であり「特徴ある価値提案」です。そういう戦略論だから、「『最高』や『一番』を目指すべきでない」ということになるのです。

『ブルー・オーシャン戦略』(ランダムハウス講談社)という本も一世を風靡《ふうび》しました。副題に「競争のない世界を創造する」とあります。ブルー・オーシャン戦略の本質を簡単に言えば、「『捨てる』『減らす』『加える』『増やす』をメリハリよくやって、一言で語れる特徴を作れ」ということです。

戦略論の基本は、「おたくは何が違うのですか」という問いに明確な答えを用意しろということなのです。どうして「違い」がなければならないのか。つまり、なぜリーダー的存在でなければならないのか。そうでなければ、限界的(Marginal)な存在になってしまうからです。

ドラッカーは次のように言います。「限界的(Marginal)な存在の製品は、十分な利益をあげられない。そして常に、駆逐される危険にある。(中略)リーダーシップのない製品に生き延びる余地はない[35]」"Marginal" は「あまり重要でない」とか「がけっぷちの」とかといった意味です。特徴がなければ価格競争に巻き込まれるしかない。正にいつも「がけっぷちの」存在に甘んじるしかなくなるのです。

（4）強みを活かせ

前述したように『創造する経営者』という本が、ドラッカーが戦略論について書いた本です。その本の序文に、ドラッカーはこの本のタイトルを元々「事業戦略」としていたが、関係者から「戦略は軍や選挙の用語であって、企業の用語ではないと反対されて "Managing for Results" というタイトルの本になったと書いています。その当時は、ビジネスの分野で戦略という言葉が使われていなかったのです。今では信じられないようなことです。

余談はさておき、この『創造する経営者』という戦略本に何が書かれているか。詳細はこの本を読んでいただくしかないのですが、私はこの本を読んで、ドラッカーの戦略論の基本は「顧客を起点にせよ」と「強みを活《い》かせ」の2つであると理解しています。「顧客を起点にせよ」についてはこれまで何度も繰り返し述べてきました。企業にとっては顧客しかあり

35　『創造する経営者』P・F・ドラッカー著、上田惇生訳、（ダイヤモンド社）

ません。自社の商品やサービスを顧客に選んでいただくしか生き延びる道はないのです。

2つ目の「強みを活かせ」というのは、ドラッカーの基本的な考え方の一つです。人間も企業もそもそも備わっている強みがある。それを活かさなければ貢献はできないという考え方です。

人間はだれしも、独特の強みと弱みを抱えた個性的な存在です。その人間の強みを活かすということについては第5章で改めて説明します。ただ、企業は人間と違って個性を持って生まれてくるものではありません。企業は発起人が定款を作るところからスタートします。したがって、企業の強みは主にその企業で働く人間によって、その企業の歴史の中で作られていきます。

ドラッカーはそれを「知識（knowledge）」と呼びました。ドラッカーは次のように言います。「知識が事業である。物やサービスは、企業がもつ知識と、顧客がもつ購買力との交換の媒体であるにすぎない。（中略）企業は、人間の質によって、つくられも壊されもする人間組織である。（中略）知識は、極めて人間的な資源である[36]」

ドラッカーは知識を単なる知識としてとらえているのではなく、顧客に貢献できる強みとしてとらえています。ドラッカーは次のようにも言います。「事業が成功するためには、知識が、顧客の満足と価値において、意味あるものでなければならない。（中略）ほかの者と同じ能力を持つだけでは、十分でない。そのような能力では、事業の成功に不可欠な市場におけるリーダーの地位を手に入れることはできない。卓越性（excellence）だけが、利益をもたらす。（中略）経済的な業績は、差別化（differentiation）の結果である。差別化の源泉、および事業の存続と成長の源泉は、企業の中の人たちが保有する独自の知識である[37]」

顧客に貢献できる卓越した独自の強み（知識）がなければ、生き残れるはずがない。だから、ドラッカーは「知識が事業である」と言うのです。

それぞれの企業が独自の強みを持っています。ドラッカーは『創造する経営者』の中で、GMは大量生産と大量販売に向いた事業を発展させるための際立った知識を持っていたとしています。また、ＩＢＭは優れた製品によってリーダー的な位置にあるのではなく、企業のデータと情報の管理について優れた知識を持っているためにリーダー的な地位にあったと述べています。

しかし、自社の強みを客観的に知ることは簡単なことではありません。それは、人間が自分の本当の強みを客観的に知ることが難しいのと同じです。ドラッカーは「卓越して行うこ

36　『創造する経営者』Ｐ・Ｆ・ドラッカー著、上田惇生訳、（ダイヤモンド社）
37　『創造する経営者』Ｐ・Ｆ・ドラッカー著、上田惇生訳、（ダイヤモンド社）

とのできる事柄が、極めて平凡なことである場合もある[38]」と言います。それは、人間がそうであるように、自分の強みというのは、その本人は普通にやっていると思っていることである場合が多いからです。しかし、自分が普通にやっていることが他人も普通にやれるわけではありません。

ドラッカーは次のように言います。「事業の内部からは、自らの卓越した知識さえ見ることができない。彼らにとっては当たり前のものだからである。自分が知っている仕事は易しい。したがって、自らの知識や特別な能力には、何も意味がなく、だれもがもっているに違いないと錯覚してしまう。逆に、自分たちには難しいもの、不得手なものが、大きく見える[39]」

(5) V字回復した第四の理由(独自の強みを活かした)

ドラッカーは自社に特有の知識を知るには、「他社がうまくできなかったが、わが社がさしたる苦労もなしによくできたものは何か[40]」を問えと言います。

Iさんが A社の社長時代に、Iさんにこの質問をしたら、Iさんは即座に「他社に簡単にまねできないわが社の強みはスピードだ」と答えました。

A社は、親会社から国内販売部門だけが分離されてできた従業員150名程度の小さな会社でした。さらにA社は上位下達の組織風土でした。意思決定は早い、情報伝達は早い、実行は早い。

A社はこのスピードという武器をその後も発展させていきました。A社は国内販売子会社ですが、そのころすでに一部の商品を独自に開発していました。その開発スピード、つまり開発がスタートしてから最終製品になるまでのスピードたるや、その業界では驚異的なものでした。

また、私のような外部の人間から見れば、A社の強みは「面倒なこと大変なことを愚直にやり抜く」ということでした。それが強みになったのは、素直で人柄のいい人が集まった組織だったということかもしれませんし、赤字が20年も続くという苦しい経営環境の中でも弱音を吐かず毎年毎年目標を立てて頑張ってきたという歴史のおかげだったのかもしれません。ただ、「面倒なこと大変なことを愚直にやり抜く」ということは、差別化された大変な強みです。なぜなら、ほとんどの企業はそんなことはやりません。効率的に利益をあげることをまず考えます。

しかし、その効率的ではないところに大きなビジネスの機会が眠っています。なぜなら他

38　『創造する経営者』P・F・ドラッカー著、上田惇生訳、（ダイヤモンド社）
39　『創造する経営者』P・F・ドラッカー著、上田惇生訳、（ダイヤモンド社）
40　『創造する経営者』P・F・ドラッカー著、上田惇生訳、（ダイヤモンド社）

社がやろうとしないからです。A社は他社がやらない面倒なことと大変なことに喰《く》らいつき、大きな成果をあげてきました。そしてその強みは、現在もA社の商品開発の特徴であり差別化された強みになっています。

では、A社はそれまでに持っていた強みを活かしただけで成功したかというとそうではありません。「まえがき」で、Iさんは「それまで20年間に渡って続いていた赤字を、社長就任後3年で黒字化していました」と書きましたので、社長就任後何もかもが順風満帆だったと思われたかもしれません。

しかし、現実はそうではありませんでした。Iさんが社長就任前から準備し、社長就任後にIさんの肝煎《きもい》りで発売した商品は、A社史上最大の失敗商品となり、商品在庫と部品在庫が山ほど積み上がったのです。社長就任後1年にも満たない時期に親会社の社長から「辞表を出せ」と言われ、同時に「今回の失敗を分析してレポートを書きなさい。そしたら僕が君をサポートしてあげる」と言われたそうです。

Iさんのレポートに書かれていた失敗の要因を一言で言えば「すべてにおいて競争力不足」ということだったようです。ここからA社では顧客起点の経営が本格的に実践され、顧客を特定し、独自の強みを作り出していくという活動が始まったのです。Iさんは方針書で、マーケティング力とイノベーション力をA社の強みとして磨いていくことを明確にし、それを各部門、各人の具体的な実行計画に落とし込んでいきました。

この知識（強み）を磨いていくためにも集中が必要になります。ドラッカーは次のように言います。「多くの領域において卓越することはできない。しかし、企業が成功するには、極めて多くの領域において、並以上でなければならない。そして多くの領域において優れていなければならない。さらに一つの領域において卓越していなければならない。市場が経済的な報酬を与えてくれるような真の知識をもつためには、集中が必要である[41]」

何かに集中さえすれば成功するというものではありません。事業の全プロセスに渡って全従業員がたゆまぬ努力をしていかなければ成功はありえません。しかし、卓越性がなければ勝負にならず、その卓越性を作るにはやはり集中が必要なのです。

(6)「わが社に特有の強みは何か」という問いの重要性

企業は人間集団ですから、組織の中の人間が卓越した知識（強み）を作っていかなければならないと言いましたが、実は企業が設立されたときから保有しているような強みもあります。例えば、飲食業における立地などがその例です。

41　『創造する経営者』Ｐ・Ｆ・ドラッカー著、上田惇生訳、（ダイヤモンド社）

昨年、私が住んでいる街の駅前の中華料理店が閉店しました。そのお店は駅を出てすぐのところにあり、深夜まで営業してくれ、ニラレバ定食や麻婆《マーボー》丼やラーメンなど多彩なメニューがあり、仕事を終えたサラリーマンが夕食をとるにはうってつけのお店でした。

それが、なぜか突然タンメン専門店に変わったのです。お店も従業員も何も変わらないのに、メニューだけがタンメンのみになったのです。そしてそれから1年も経たないうちにそのお店はシャッターを下ろしました。私は、この会社の社長かコンサルタントが集中戦略をとり、特徴を作りだそうとしたのではないかと思いました。しかし、このお店の最大の強みは駅前にあるという「立地」でした。

集中が戦略論の基本であることは間違いありませんが、「何が顧客にとっての価値なのか」、「顧客が価値と認めてくれている自社の強みは何なのか」という視点がなければ、集中戦略も失敗に終わってしまう好例だと思います。

このように、顧客から見た自社の強みを客観的に知るというのはなかなか難しいものです。ドラッカーは自社の強みを知るためには、他社と比較するだけではなく、「自社の成功と失敗を比較することもできる[42]」と言います。

私は2001年に独立してから、経営コンサルタント、研修講師、執筆を主な仕事として生計を立ててきました。経営コンサルタントとしては大きな成果をあげることはできませんでした。A社がうまくいったのは、正にIさんがドラッカー経営学を実践してくれたからです。研修講師としても失敗の連続でした。

一方で、独立してから一貫して顧問先企業から高い評価をいただいてきたのはコラム執筆です。経営コンサルタントを始めたころの顧問先でも沢山のコラムを書きました。それらは今でもその会社のホームページに掲載されています。A社でも約100本のドラッカーコラムを書きました。A社での私の最大の貢献はこのコラムだったのではないかと思います。『財務3表一体理解法』もベストセラーになりました。私は元々エンジニアですが、なぜか書くことによって世の中から評価をいただいてきました。

企業も同じように得手不得手があります。ドラッカーは『創造する経営者』で次のような事実を指摘しています。GEは無からスタートし新しいアイデアを取り上げて、そこから事業を築き上げることで成功してきた。しかし、GEは事業の買収では運がない。一方で、GMはすでにかなりの規模に達し、市場においてすでに若干のリーダーシップを獲得している企業を買収して事業を発展させてきた。しかし、GMは新しい事業をスタートさせたことがない。

42 『創造する経営者』P・F・ドラッカー著、上田惇生訳、（ダイヤモンド社）

また、ドラッカーは自社の強みを知るには顧客に聞くことだとも言います。ドラッカーは次のように言います。「上得意の顧客に対し、『わが社は他社にできないどのようなよい仕事をしているか』と聞かなければならない。もちろん、それらの顧客が常に答えを知っているわけではない。しかし、いかにとりとめのない答えであったとしても、どこに正しい答えを見つけたらよいかは、わかってくるはずである[43]」

さらにドラッカーは次のように言います。「『わが社に特有の知識は何か』という問いほど、マネジメントをして、自らを客観的、生産的、かつ徹底的に見つめさせるものはない。この問いに対する答えほど、重要なものはない[44]」

この問いが「わが社は何か」ということを規定していきます。この問いが、わが社は社会の中で何のために存在しているのかという使命と目的を決めていくのです。

(7) 機能する事業の定義は現場の試行錯誤の結果として定まってくる

第2章の冒頭で「わが社の事業は何か」という問いは極めて重要な問いであると言いました。ドラッカーは「『われわれの事業は何か』という問いを発し、その問いについて十二分に検討し、正しく答えることこそ、トップマネジメントの第一の責務である[45]」とも言います。

しかし、私はこの問いはいったん横に置いて、「おたくは何が違うのですか」という問い、つまり強みの議論に進んで行きました。なぜそうしたのか。それは、「わが社の事業は何か」という問いの答えを出すのが極めて難しいからです。

現実的に言えば、この問いの答えは顧客との関係の中で規定されていく性質のものだと言えます。ドラッカーの言葉を再掲載しておきましょう。「事業が何であるかを決めるのは、生産者ではなく顧客である。社名や定款ではない。顧客が製品やサービスを購入して満足させる欲求が何であるかが、事業が何であるかを決める」

さらに、前述したように「わが社に特有の強みは何か」という問いが、「わが社は何か」ということを規定していきますし、この問いが、その企業の個性を表し、その企業が社会の中で何のために存在しているのかという使命と目的を決めていくのです。

私は今から19年前にサラリーマンを辞め、その後「社長の右腕業」という看板を掲げて、中小企業の経営コンサルタントのような仕事を始めましたが、その当時は自分が会計の本を書くことになるとは夢にも思っていませんでした。その後の顧客との関係、そして私の強み

43　『創造する経営者』P・F・ドラッカー著、上田惇生訳、（ダイヤモンド社）
44　『創造する経営者』P・F・ドラッカー著、上田惇生訳、（ダイヤモンド社）
45　『現代の経営』P・F・ドラッカー著、上田惇生訳、（ダイヤモンド社）

が私の会社の事業を決めていったのです。

A社は、非常に明確で、夢のある事業の目的を定義していると言いましたが、A社で今の事業の目的が制定されたのは、Iさんが社長に就任して7年後のことでした。

ドラッカーの人間の見立ては「すべての人間は愚かで不完全である」ということだと感じます。ドラッカーのマーケティング論もイノベーション論もマネジメント論も、その内容を読んでいると、ドラッカーがそう考えていたと感じるのです。ドラッカーに「あなたは何もわかっていませんよ」と言われているような気がするのです。

全く経験もない分野で、机上で事業の目的を定めて会社をスタートさせ、それがうまくいく人などいないと思います。一つの仮説としてそのようなことを決めることはできるでしょうが、そのようなことは現場に一歩踏み出してみると、すべてが机上の空論だったことがすぐにわかります。

そんなことは新しい事業を始めたことがある人ならだれでも知っています。正に私はそのようなことの連続でした。会社を設立してからしばらくは失敗に次ぐ失敗、思ったようにならないことばかりでした。というより、思ってもみなかったことばかりが起こりました。

A社も同じです。A社は2000年代の初頭に売上高がピーク時の半分以下になり、総人件費の3倍に及ぶ営業赤字を出していました。そのころA社はもがいていたようです。いろんなことを試しては失敗するということの連続だったようです。

そのころたまたまある商品が、想定していた顧客層とは違う顧客層に支持されました。その商品の販売を伸ばすために、他社がやらない面倒で大変な仕事を愚直にやり、結果的にその商品がその後A社の屋台骨を支える主力商品となり、その商品の特徴が現在の事業の定義につながっていったのです。

事業の定義がなければ、顧客がだれかもわからない、目標も設定できない、戦略も作れない。しかし、A社とのお付き合いの中でよくわかったことは、「われわれの事業は何か」という問いへの適切で機能する答えは、現場での試行錯誤の結果として出てくるものだということでした。だから事業がうまく行くようになるまでには時間がかかるのだと思います。

A社の親会社は、外部環境の大きな変化の中で、これまでの事業の変容を迫られています。現在A社の幹部社員が集まって、10年後のビジョン策定を行っています。正に10年後に向けての「われわれの事業は何か」という議論です。

私はこの議論に対して直接何も言う立場ではないのですが、横で見ていて気になるのは、「この大きな環境変化の中でわが社はどうなるべきか」を机上で議論しているように感じることです。もちろん外部環境の大きな変化を分析することは必要です。しかし、外部環境の大きな変化はすでに顧客の中に入り込み、それが顧客の事情と相まって顧客毎の特殊な課題を生み出しています。そのことをつぶさに知らなければ明日は描けないと思うのです。

例えば、昨今自動車業界ではＣＡＳＥという言葉が流行りです。Connected：コネクティッド化、Autonomous：自動運転化、Shared/Service：シェアー／サービス化、Electric：電動化の頭文字をとった言葉で、現在の自動車業界の大きな流れを表しています。

しかし、この大きな変化が各自動車会社に与える影響はそれぞれの自動車会社によって異なります。電動自動車の開発に自前で取り組める会社とそうでない会社があります。正に、大きな変化が顧客の中に入り込み、それが顧客の事情と相まって顧客毎の特殊な課題を生み出しているのです。

事業を定義してくれるのは顧客です。そして、自らの強みを教えてくれるのも顧客です。そのような地に足のついた分析がなければ、将来のビジョン作りは机上の空論に終わってしまう気がするのです。

ドラッカーは次のように言います。「明日の事業をつくるための活動は、明日の事業は今日のそれとは異なるものでなければならないとの確信のうえになされる。だが、スタート地点は今日の事業である。明日の事業はひらめきによって得られるものではない。それは今日の仕事の分析によって得られる[46]」

将来のビジョンを考えるにも、事業の定義をするにも、今日の事業をベースにした試行錯誤を繰り返すしかないのだと思います。だれもが愚かで不完全な生き物です。人間にはやってみなければわからないことが沢山あります。いや、ほとんどのことがやってみなければわからないのではないでしょうか。

ドラッカーは「われわれの事業は何か」という問いに関して、「事業が成功しているときにこそ、この問いを発し、十二分に検討することが必要である。なぜならば、この問いを怠るとき、ただちに事業の急速な衰退がやって来るからである[47]」と言います。

そして、この「われわれの事業は何か」という問いは、「将来の事業は何か」「何を事業とすべきか」という問いにつながっていきます。私たちは事業がうまくいっているとき、それは当然であり、それが長く続くだろうと錯覚します。しかし、社会は常に変化しています。成功しているときにこそこの問いを発していなければ、企業はすぐに危機に瀕《ひん》します。そして、危機に瀕してからこの問いを考えても遅すぎるのです。

ドラッカーは次のようにも言います。「事業の定義は、石版に刻まれた碑文ではない。仮説にすぎない。それは常に変化するもの、すなわち社会、市場、顧客、技術に関する仮説で

46 『マネジメント　課題、責任、実践』P・F・ドラッカー著、上田惇生訳、（ダイヤモンド社）
47 『現代の経営』P・F・ドラッカー著、上田惇生訳、（ダイヤモンド社）

ある[48]」事業の定義は永遠のものではありません。社会、市場、顧客、技術が変化すれば、当然変わっていくべきものなのです。

〈コラム②〉ドラッカーとポーターの違い

マイケル・ポーターの経営論を復習するために『【エッセンシャル版】マイケル・ポーターの競争戦略』（早川書房）という解説本を読んでみて感じることがありました。それは、マイケル・ポーターの戦略論とドラッカーの戦略論のベースとなる考え方は基本的に同じだということです。

ポーターは「五つの競争要因」とか「バリューチェーン」といった特徴的な考え方を提示していますが、戦略論の本質的な考え方はポーターもドラッカーも基本的に同じで、キーワードで言えば「差別化」や「独自性」です。

ただ、根本的に違うところが一つあります。それは、マイケル・ポーターの経営論が「利益をめぐる競争」ということを企業活動のベースにしていることです。この本の中には、「競争の主眼はライバルを負かすことにあるのではない。肝心なのは利益をあげることだ[49]」と明確に書かれています。

マイケル・ポーターは元々プリンストン大学の航空宇宙機械工学科を卒業し、その後ハーバード大学で経営学修士号と経済学博士号を取得して、同大学で史上最年少の教授になった人です。一方、ドラッカーはフランクフルト大学で法学博士号を取得していますが、どちらかといえば独学の人です。大学に入る前に商社で働いていましたし、その後も証券会社で働いたり新聞記者として働いたりしていました。オーストリアでドイツ系ユダヤ人の家庭に生まれたドラッカーは、ナチスから逃れるようにしてイギリスに移り、その後アメリカに移りました。この生い立ちの差が、2人の考え方の違いに大きな影響を与えているのではないかと思います。

経済学と経営学を修めたマイケル・ポーターの経営論は、経済学がベースになっているのだと思います。つまり、古典派経済学者が経済を説明するために考え出した利潤動機が彼の経営学のベースになっているのではないかということです。そう考えれば、経済学の利潤動機とマイケル・ポーター経営学の「利益をめぐる競争」

48　『経営の真髄』P・F・ドラッカー著、ジョゼフ・A・マチャレロ編、上田惇生訳、（ダイヤモンド社）
49　『【エッセンシャル版】マイケル・ポーターの競争戦略』ジョアン・マグレッタ著、櫻井祐子訳、（早川書房）

という考え方は一貫しています。

ドラッカーも利潤動機の有効性は認めています。ドラッカーは次のように言います。「個としての人間の欲求と自己実現を、社会的な目的に結びつける組織の原理がなければならない。さもなければ、そもそも社会的な目的のための協働としての人間活動が成立しない。（中略）利潤動機は、個人の動機を社会的な目的に結びつける上で便利であるということである[50]」

つまり、個人が個人の利益や会社の利益のために働いて、それが社会の役に立つのであれば、それを完全に捨て去る必要はない。そのような個人と社会を結びつけるものが必要だということなのです。

しかしドラッカーは、人間は利潤動機だけで動くものではないとした上で、次のような考え方に立脚して経営学を組み立てています。「古典派経済学は、人間には取引の本能があるとし、そこから自らの理論を組み立てた。今日では、そのような本能など人間にはないことが明らかである。（中略）さらにまた、ほとんどあらゆる人間行動において、動機は複合的であって、（中略）損得の算術に基づいて行動している者など一人もいないということも明らかである。しかも、（中略）仕事即苦痛とする経済学が完全に誤りであることも明らかである。失業がもたらした心理的、社会的荒廃は、無為が快楽どころか苦痛であって、仕事が苦痛どころか誇りであることを明らかにした。（中略）誇りが人間本来の性であることは何千年も前から明らかである。（中略）自尊なくして社会はない。（中略）仕事は、社会的な位置、つまり個としての尊厳の基盤である。（中略）人間社会は共に働くことを基盤とする[51]」

ドラッカーとポーター、どちらの考え方が社会にとってより有効なのか。それを決めるのは社会なのだと思います。100年後にはその答えが出ていることでしょう。

50　『企業とは何か』P・F・ドラッカー著、上田惇生訳、（ダイヤモンド社）
51　『企業とは何か』P・F・ドラッカー著、上田惇生訳、（ダイヤモンド社）

第3章　顧客の価値を創造するために資源が使われているか？

（1）仕事の目的を考えることから始めないからダメなのだ

これまでの第1章と第2章で、事業の全体像と企業の特徴を作るための集中化ということについて述べてきました。この第3章では36ページの図1―1で示した企業の3つの機能であるマーケティング機能、イノベーション機能、経営管理的機能（生産性）の中の経営管理的機能（生産性）について説明します。

経営管理的機能（生産性）には2つの意味合いがあります。一つは、文字通り物理的に生産性を上げるということです。もう一つの意味合いは、仕事を生産的なものにして、従業員が活《い》き活きと働くようにするということです。後者については第4章と第5章で詳しく説明します。

ドラッカーは「20世紀最大の偉業は、製造業における肉体労働の生産性を50倍にしたことである。続く21世紀においてマネジメントに期待すべき偉業は、知識労働者の生産性を同じように引き上げることである[52]」と言います。特に日本人の知識労働者の生産性は欧米の先進国に比べて低いと言われています。21世紀に知識労働者の生産性を何倍にまで引き上げられるかが、21世紀に生きる私たちの大きな課題です。

20世紀に「生産性」と言えば、主に肉体労働者の生産性のことでした。肉体労働の生産性が50倍になったのは、フレデリック・W・テイラーの科学的管理法が起点になったとドラッカーは言います。その基本的な考え方は、動作を分析分解し、時間を記録し、無駄な動作を減らし、残った動作を短い時間で簡単に行えるように新しい動作に組み立て直すというものです。

ドラッカーは、この肉体労働向けの科学的管理法の考え方は知識労働にも適用できるとして、次のように言います。「仕事を生産的なものにするには、四つのものが必要である[53]」それは、「仕事の分析」「プロセスへの統合」「管理」「ツール」です。このことについては第3章（2）で詳しく説明します。

ただ、肉体労働と知識労働の大きな違いは、肉体労働の場合は仕事の目的があらかじめ決まっているのに対し、知識労働の場合は最初に仕事の目的を明確にしなければならない点です。ドラッカーは「肉体労働では、なすべき仕事は所与である。（中略）問題は常に、いかに行うかである。（中略）これに対し知識労働では、基本的な問題は何を行うかである[54]」

52　『経営の真髄』P・F・ドラッカー著、ジョゼフ・A・マチャレロ編、上田惇生訳、（ダイヤモンド社）
53　『マネジメント　課題、責任、実践』P・F・ドラッカー著、上田惇生訳、（ダイヤモンド社）

と言います。

肉体労働の場合、仕事の目的は自明です。例えば、スコップで決められた大きさの穴を掘るといったことが肉体労働の目的です。問題はそれをいかにやるかです。しかし、知識労働の場合は手段が目的になってしまっていることがよくあります。会議資料の策定目的を忘れ、資料を見栄えよく綺麗《きれい》に作ることだけが目的になっているようなことはよくあります。

ドラッカーが成果をあげることを主眼にして書いた本は『経営者の条件』(ダイヤモンド社)と『プロフェッショナルの原点』(ダイヤモンド社)です。この2冊に書かれている大切なメッセージは、成果をあげる上で極めて重要なのは「なされるべきことをなせ(Getting the right things done[55])」ということです。

ドラッカーが書いた『非営利組織の経営』(ダイヤモンド社)の中にも成果をあげるための方法が書かれています。その第1番目は「行うべきことを決める(Deciding what are the right things to do.[56])」です。さらに、『明日を支配するもの』(ダイヤモンド社)の中にも知識労働の生産性をあげるための条件が書かれています。その第1番目は「仕事の目的を考える(Considering "what is the task?"[57])」です。

知識労働者の仕事の生産性をあげる上で最も重要なことは、「何をやるか」を決めること、「そもそもその仕事は何のためにやるのか」という仕事の目的を考えること、そして何をやらないかを決めることです。組織としても個人としても、これを間違えると成果につながらないどころか、膨大な無駄仕事が発生することになります。

仕事の目的を考える上で常に意識しておかなければならないのは、その仕事は顧客の価値を創造することにつながっているかということです。そういう観点で見れば、やらなくてもよい仕事は会社の中に山ほどあります。A社が予算会議をやめてしまったのもその一例です。

知識労働だからといっても、頭がよくなければ成果が出せないというわけではありません。ドラッカーは次のように言います。「頭のよい者が、しばしば、あきれるほど成果をあげられない。彼らは、知的な能力が、そのまま成果に結びつくものではないことを十分認識していない[58]」そしてその上で成果をあげるには、成果をあげるために身につけるべき習慣的な能力が必要であり、それは普通の人間であればだれでも習得できると言います。その習慣的

54 『経営の真髄』Ｐ・Ｆ・ドラッカー著、ジョゼフ・Ａ・マチャレロ編、上田惇生訳、（ダイヤモンド社）
55 Peter F. Drucker and Joseph A. Maciariello "The Effective Executive in Action" Collins
56 Peter F. Drucker "Managing the Non-Profit Organization" Harper
57 Peter F. Drucker "Management Challenges for the 21st Century" Collins Business
58 『経営者の条件』Ｐ・Ｆ・ドラッカー著、上田惇生訳、（ダイヤモンド社）

な能力とは次の5つ[59]です。

1. 汝《なんじ》の時間を知れ
2. いかなる貢献ができるか
3. 強みを生かす
4. 最も重要なことに集中する
5. 意思決定を的確に行う

1つ目は時間に関することです。知識労働者が成果をあげる上で、皆に平等に与えられているものは時間です。この時間をどう使うかによって生産性が決まってきます。ドラッカーは自分の時間が何に使われているか調べてみろと言います。自分の時間の見える化です。A社の生産性は飛躍的に向上しましたが、その理由の一つは自分の時間が何に使われているかの「時間の見える化」を行ったことでした。このことについては第3章（2）及び（4）で改めて説明します。

ドラッカーは「時間の浪費は、しばしば人員の過剰から起こる[60]」と言います。人間にとって一番嫌なことは暇になることです。だからほとんどの人は仕事が無くなれば仕事を作り出そうとします。しかし、そのような仕事は暇を埋めるための仕事であり、貢献に結びつかないものがほとんどです。Ａ社では「少数にすれば精鋭になる」を合言葉に、常に人手が足りないくらいの組織運営をしていました。

２つ目の「いかなる貢献ができるか」というのが、何を仕事にするか、仕事の目的は何かにつながるところです。仕事は常に成果に焦点を当てる必要があります、貢献に焦点を当てる必要があります。考えることは「自分が何をしたいか」ではなく、「自分は何を期待されているか」です。

自らの果たすべき貢献について考える上で、ドラッカーは次のように言います。「問題は、何に貢献したいと思うかではない。何に貢献せよと言われたかでもない。何に貢献すべきかである[61]」そして次のようにも言うのです。「貢献に焦点を合わせるということは、つまるところ、成果をあげることに焦点を合わせることである[62]」

59『プロフェッショナルの原点』Ｐ・Ｆ・ドラッカー＋ジョゼフ・Ａ・マチャレロ著、上田惇生訳、（ダイヤモンド社）
60『経営者の条件』Ｐ・Ｆ・ドラッカー著、上田惇生訳、（ダイヤモンド社）
61『明日を支配するもの』Ｐ・Ｆ・ドラッカー著、上田惇生訳、（ダイヤモンド社）
62『経営者の条件』Ｐ・Ｆ・ドラッカー著、上田惇生訳、（ダイヤモンド社）

3つ目の「強みを生かす」はドラッカー経営学の基本となる考え方です。ドラッカーは企業も人も強みを活かせと言います。人の強みに関しては、自分に対しても、部下に対しても、そして上司に対しても、強みを活かすということを基本に考えろと言います。人の強みを活かすことについては第5章で改めて説明します。

4つ目の「最も重要なことに集中する」もドラッカー経営学の基本となる考え方です。マーケティングの最初に行うことは集中化でした。特徴を作るにも集中が必要です。ドラッカーは「業績のカギは集中である[63]」と言います。業績をあげるには大きな利益を生む少数の製品に集中しなければならない。コストを改善するにも、わずかな能率の向上が大きく業績を改善する分野に仕事と労力を集中しなければならない。成果をあげるには意味のある何かに集中しなければなりません。それはすなわち、意味のないものを捨てなければならないということなのです。

最後の5つ目が「意思決定を的確に行う」です。ここが成果をあげる上で決定的に重要なところです。それは実践につながるところだからです。経営学は実践されなければ意味がない。いかに素晴らしい計画や戦略を立てても、実践がなければ成果はないのです。

ドラッカーは次のように言います。「意思決定は、その実行が誰かの仕事とされ、期限を切られるまでは行われていないに等しい[64]」A社の議事録には必ず、決定事項の横に担当者と期限が書き込まれていました。さらに言えば、Ａ社の議事録は即日配付が原則でした。Ａ社ではスピード感のある実行が重視されていました。

成果をあげる上でまず大切なことが「何をやるか」だと言いました。何をやるかを決めることも意思決定ですが、成果をあげるには何をやるかを決め、それを実行しなければなりません。ドラッカーは次のように言います。「具体的な実行の手順が仕事として割り当てられ、責任として割り当てられないことには、決定は行われないに等しい。よき意図が存在するにすぎない。これこそ企業の経営方針によく見られる状況である。いわゆる経営方針の多くが、行動にいたるまでの措置については何も盛り込んでいない。実行が誰の仕事にも、誰の責任にもなっていない。そのためそれらの経営方針は、トップにまったくやる気のないお題目と冷たい目で見られることになる[65]」ドラッカーはさらに次のようにも言います。「目標は実行に移されなければ目標ではない。夢に過ぎない[66]」

63　『創造する経営者』Ｐ・Ｆ・ドラッカー著、上田惇生訳、（ダイヤモンド社）
64　『経営の真髄』Ｐ・Ｆ・ドラッカー著、ジョゼフ・Ａ・マチャレロ編、上田惇生訳、（ダイヤモンド社）
65　『マネジメント　課題、責任、実践』Ｐ・Ｆ・ドラッカー著、上田惇生訳、（ダイヤモンド社）
66　『マネジメント　課題、責任、実践』Ｐ・Ｆ・ドラッカー著、上田惇生訳、（ダイヤモンド社）

厳しい指摘です。ドラッカーは、実施のための行動を意思決定そのものの中に組み込んでおかなければならないとして次のように言います。「意思決定において、(中略)最も時間のかかるプロセスが、この成果をあげるべく意思決定を実施行動に移す段階である。しかし意思決定は、そもそも最初の段階から行動へのコミットメントを意思決定の中に組み込んでおかなければ、成果をあげることはできない[67]」

A社でドラッカー経営学がなぜ実践され成果に結びついたのか。正にこの方針を実行に移すという仕組みが作られていたからです。このことについては第4章で改めて説明します。

知識労働の生産性をあげるためのカギはドラッカーの次の2つの言葉に集約されています。「知識労働の生産性の向上のために最初に行うことは、行うべき仕事の内容を明らかにし、その仕事に集中し、その他のことはすべて、あるいは少なくとも可能なかぎりなくしてしまうことである[68]」「集中とは、『真に意味のあることは何か』『最も重要なことは何か』という観点から、時間と仕事について、自ら意思決定を行っていく勇気のことである[69]」

(2) 科学的管理法の知識労働への適用(A社の実例)

20世紀において、肉体労働の生産性を50倍にした大きな要因だった科学的管理法の考え方は知識労働にも適用できると言いました。そしてドラッカーは、仕事を生産的なものにするには、「仕事の分析」「プロセスへの統合」「管理」「ツール」の４つが必要であるとしたことについても述べました。この中でもカギとなるのが、「仕事の分析」と「プロセスへの統合」です。この科学的管理法を使って論理的に知識労働の生産性を高めることについては、A社の実例を使って説明したいと思います。

A社は大手メーカーの国内販売子会社です。実際の商品の販売は、A社の第一顧客にあたる販売店で行われます。A社と販売店の関係は、家電メーカーの営業部門と家電量販店のような関係です。

A社の営業マンは、販売店からの多くの問い合わせに迅速に丁寧に対応するのが仕事だと考えていました。A社の営業マンはいつでもどこでも販売店からの電話の対応をしており、電話対応で顧客に貢献するのが自分たちの仕事であり、そのことによって彼らは販売店からの信頼を得ていると思っていました。

A社では生産性をあげるための方法論に従い、「汝の時間を知れ」ということで自分たちの時間が何に使われているかを分析しました。当然のことながら、膨大な時間がこの電話対

67　『経営者の条件』P・F・ドラッカー著、上田惇生訳、（ダイヤモンド社）
68　『明日を支配するもの』P・F・ドラッカー著、上田惇生訳、（ダイヤモンド社）
69　『経営者の条件』P・F・ドラッカー著、上田惇生訳、（ダイヤモンド社）

応に使われていました。

次に彼らは、「そもそも電話対応は何のためにやっているのか」という「仕事の目的」を考えました。販売店からの電話は、販売店の担当者が最終顧客に商品を販売する際に、納期や詳細なスペックを確認するための問い合わせでした。実は、販売店の担当者は接客をしている最中に、A社に問い合わせなどしたくなかったのです。接客に集中したいというのが彼らの本音だったのです。

A社のある営業拠点で、自分たちの仕事は販売店からの問い合わせを受けることではなく、問い合わせがない状況を作ることだということで、仕事を分析し、仕事のやり方を抜本的に見直しました。正に「仕事の分析」と「プロセスへの統合」です。

図3―1の上の図をご覧ください。図の真ん中にあるのがA社です。A社の営業マンは何社かの販売店を担当しています。図では一人が3社の担当ですが、実際には一人で10社を超える販売店を担当しています。そして、それぞれの販売店に担当者がいます。図では各社3名ですが、実際には何十名もの担当者がいます。それらをすべてA社の営業マンが担当するのですから、電話対応に忙殺されるのは無理もありません。

A社では販売店も巻き込んで業務改革を行っていきました。図3―1の下の図のように、A社内に電話対応の担当者をおきました（A社の中のヘッドフォンのついた人です）。各販

図 3-1　仕事の分析とプロセスへの統合

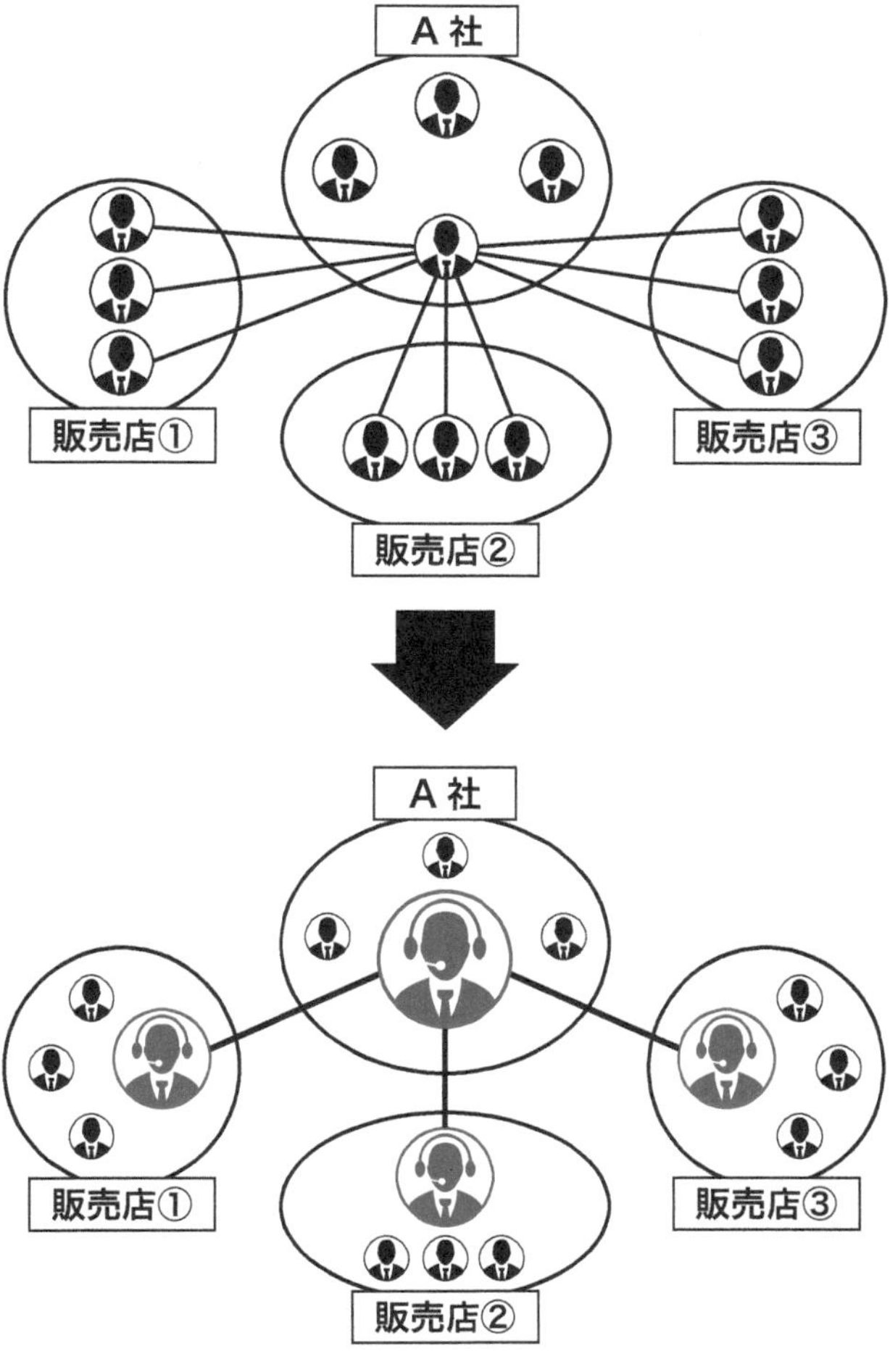

売店にもお願いし、A社へ質問する電話担当者をおいてもらいました（各販売店の中のヘッドフォンのついた人です）。そして、各販売店の担当者からの問い合わせは、各販売店の電話担当者に集約してもらうようにしました。

新しい業務プロセスをスタートさせる前は、A社の電話対応の担当者がパンクしてしまうのではないかという懸念もありました。しかし、実際には販売店からの問い合わせの内容は納期やスペックの確認であり、それらの問い合わせ内容は似たものばかりでした。逆に、販売店にも電話担当者をおいてもらうことにより、販売店の中での情報が共有化され、問い合わせが減っただけではなく、販売店の担当者にも喜ばれるという結果になりました。

一方A社では、各営業マンの電話対応の仕事が激減しましたので、類似の質問内容の回答を整理して事前に書面で連絡するといった、販売店の担当者が商品を売りやすくするような前向きな仕事が増えました。

さらにはA社の商品やサービスを使って、販売店の担当者の営業成績が上がるようにするためのサービスに集中して時間と知恵を使うようになっていきました。正に、WIN―WINの関係構築です。

そして、A社の営業マンは自分の仕事に誇りを持つようになっていきました。過去のように期末に押し込み営業をするといった、相手に借りを作る仕事ではなく、自分の仕事が相手の役に立ち、相手から喜ばれるものに変わったからです。自分の仕事に誇りが持てるようになれば、後は放っておいても人は主体的に働いてくれるようになります。

話の内容が、第4章の人が活き活きと働くという内容に移ってきました。本題である科学的管理法の知識労働への適用の話に戻しましょう。知識労働の生産性をあげるためのポイントは、まず仕事の目的・貢献・成果について考えることです。つまり、「そもそも何のためにこの仕事をやっているのか」、「いかなる貢献ができるか」、「最終成果は何か」を考えることです。そして、仕事を分析し、本来の目的を効果的に達成するために、業務を新しいプロセスに組み直していくことです。

（3）「売上と利益」よりも「投資とリターン」

私はドラッカー経営学の導入コンサルタントとしてA社に係《かか》わりましたが、私が『財務3表一体理解法』の著者であることが、A社の社長であったIさんに影響を与え、それがA社の生産性向上につながりました。『財務3表一体理解法』の何がA社の生産性向上に寄与したかを説明するために、簡単に『財務3表一体理解法』の要点を解説しておきます。

『財務3表一体理解法』は、PL（損益計算書）とBS（貸借対照表）とCS（キャッシュフロー計算書）を一体にして勉強することにより、複式簿記会計の仕組みが会計の初心者にでも簡単に理解できるという点が特徴の本です。ただ、『財務3表一体理解法』がベストセラーになったのは、この3表を一体にした勉強法だけでなく、複式簿記会計の全体像をシンプルに説明しているからです。

実は、複式簿記会計は、資本主義社会の事業のプロセスを会計的に表しているものなのです。業種が違えど業態が違えど、企業が行っている基本的な活動は同じです。すべての企業はお金を集める→何かに投資する→利益をあげるという3つの活動を行っています。

企業勤めの人は一般的には利益をあげるというところに責任をもっています。つまり、売上や費用や利益に責任をもって仕事をしています。なので、事業全体を意識することはあまりないかもしれません。しかし、社長さんならこの3つの活動のことを知っています。特に創業社長はだれでも知っています。

事業を興そうと思えばまずお金が必要になります。それを資本金か借入金という形で集めてきます。なぜお金が必要かといえば、それは投資のためです。製造業なら工場建設、飲食業なら店舗調達のためのお金です。この投資した工場とか店舗を使って利益をあげていきます。

商社や小売業の場合は、集めてきたお金を商材に投資します。その商材を販売して利益をあげます。私のようなサービス業は会社を興すときにほとんどお金がいりません。しかし、

図3-2　全ての企業に共通する3つの活動とPL・BSの関係

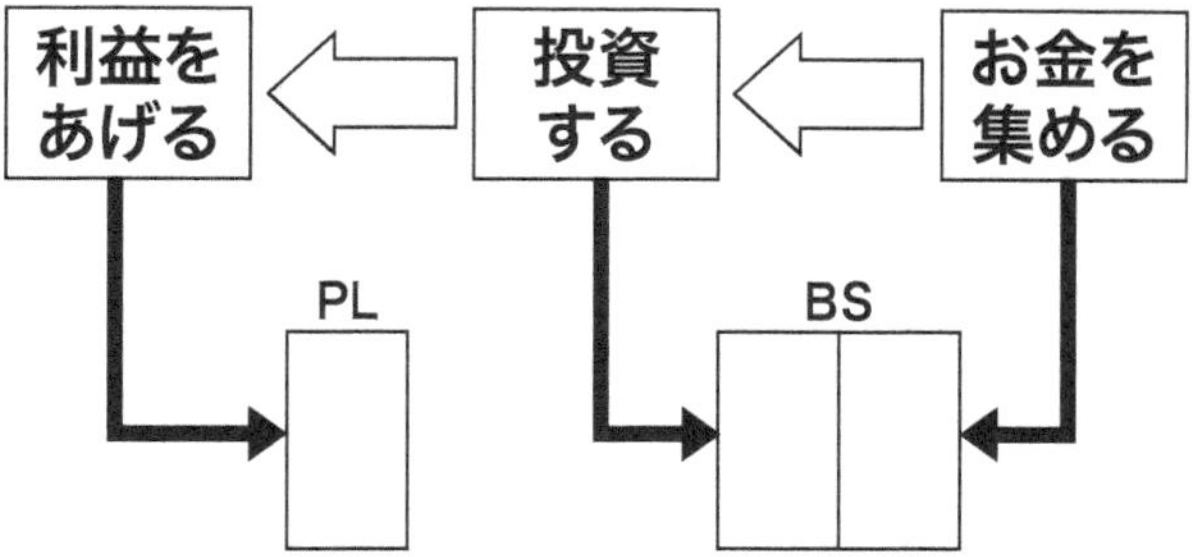

私も事務所を持っていますし、事務所にはコンピューターとかコピー機が置いてあります。このようなわずかばかりのお金ではありますが、それを何かに投資し、その投資したものを活用して利益をあげているのです。

このすべての企業に共通するお金を集める→何かに投資する→利益をあげるという3つの活動を、実はPLとBSで表しているわけです。図3―2をご覧ください。BSという表は真ん中に線が入っていて左右に分かれています。なぜ2つに分かれているかというと、BSの右側にそれまでに企業が「どうやってお金を集めてきたか」ということが書いてあって、BSの左側に、その集めてきたお金を「何に投資したか」ということが書かれているからです。そして、PLという表でどうやって利益をあげたかということが表されているのです。

このPLとBSの中の数値の大きさが図の大きさで

わかるようにしたのが図3—3です。図の大きさが数値の大きさを表していると思ってください。右側がPLで左側がBSです。

資本主義の論理に従えば会社は株主のものです。資本主義社会における会社の事業は、株主の資本金から始まります。BSの右側の下部の太線の枠囲いのところです。ここではBSの右下に書いてある「利益剰余金」はとりあえず無視しておいてください。後から説明します。会社は株主のものですから株主の資本金のことを自己資本と言います。

BSの左側は「集めてきたお金を何に投資したか」が書かれているところだと言いました。ここでは仮に「在庫商品」、「工場」、「機械装置」という言葉を入れています。

もし、株主の自己資本だけで事業を行おうと思えば、その額の投資しかできません。それがBSの左側の真ん中あたりに点線で示されているところです。

この会社が事業計画を銀行に説明して、銀行が「その事業は面白いね」と言って協力してくれることになれば、銀行から借入金という形でお金が入ってきます。これがBSの右上に書いてある借入金、つまり他人資本です。

この自己資本と他人資本を使って沢山の投資をし、その投資したものを使って売上高を作るわけです。そのイメージをBSの右肩からPLの一番上に向けて引いた矢印で表しています。その売上高から必要な費用を差し引くと利益が残ります。このPLの利益がBSの右下

図 3-3　資本主義社会における事業のプロセス

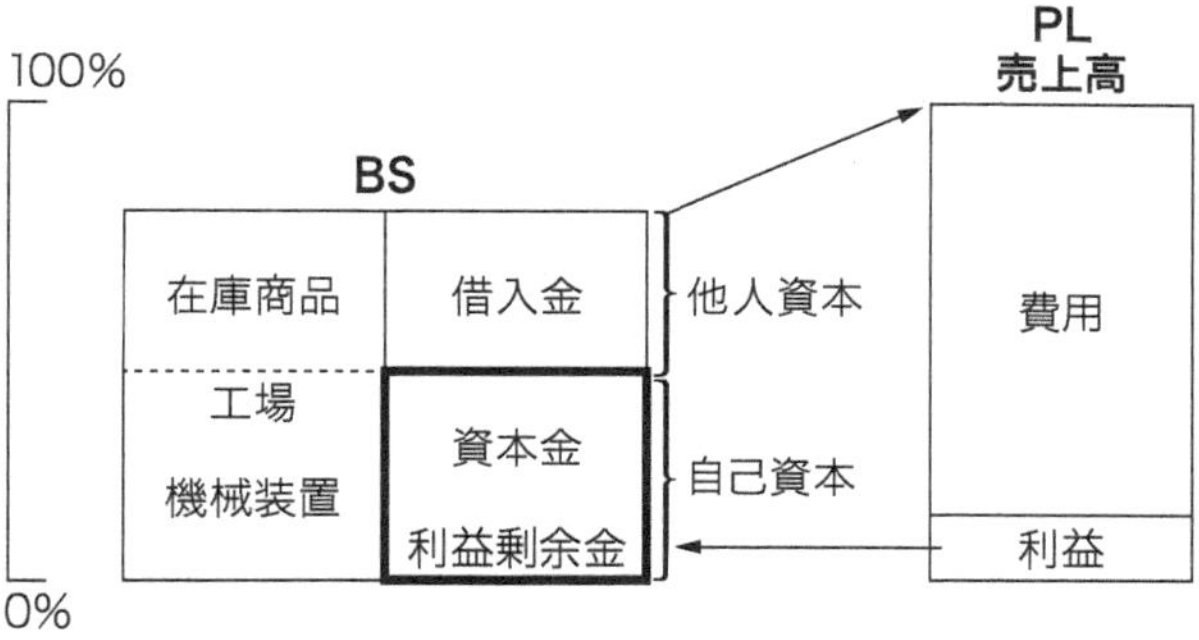

に利益剰余金として積み上がっていくわけです。

つまり、資本主義社会の事業のプロセスとは、株主の資本金から始まった事業が、事業のプロセスを通して利益を生みだし、その利益が株主の自己資本を増やしていくというものなのです。この資本主義社会の事業のプロセスが、複式簿記会計のＰＬとＢＳで表されているのです。

多くのビジネスパーソンがビジネスにおいて大切なのは「売上と利益」だと考えていると思いますが、事業全体のプロセスを考えれば、それ以上に大切なのが「投資とリターン」という考え方です。もちろん「売上と利益」は大切です。しかし、会社が何に投資をするかによって事業の成否が決まってしまうという面があるのです。例えば、飲食業がどの立地にどのような店舗を立てるとか、製造業がどのような設備を導入するかといったようなことです。

ビジネスにおいて極めて大切なことが、何に投資をするかということです。これを人間に当てはめれば、すべての人に平等に与えられている時間を何に使うかということが極めて重要だということなのです。なので、ドラッカーの成果をあげる方法論は「汝の時間を知れ」というところから始まるのです。

(4) V字回復した第五の理由(顧客価値を生まないものを捨てた)

私はA社の管理職向けに何度か会計研修を実施しました。A社の社長であったIさんも私の会計研修を受講されました。Iさんは私の会計研修を通して、事業における投資の重要性を再認識され、その後方針書を改訂するにあたり、「皆で事業しよう(生産性を高めよう)」というタイトルをつけて、図3―4に示すような文字式を方針書に加えました。

Iさんの従業員への説明は、「事業とは、何かに投資して顧客の価値を生み出す活動であり、投資したもの以上の代金を喜んで支払ってくださる商品やサービスを生み出せるかどうかがカギである」というものでした。

この文字式は、投資評価のための指標であるROI(Return on Investment)と基本的に同じ考え方ですが、ポイントは分子を「顧客価値」にしているところです。分子を利益にしてしまうと、事業活動の目的が利益になり、利益をあげるためには何をしてもいいというよ

図 3-4　事業生産性とは

$$\frac{\text{顧客価値}}{\text{事業投資}} = \text{事業生産性}$$

うな発想につながってしまいます。

　この文字式を掲げたことにより、A社の開発投資の方針は極めて明確になりました。過去には、他社に負けないスペックの商品を作るために多額の開発投資をしていたという面もありましたが、その後は「顧客が価値を認めてくれるところに重点的に投資する」ということが開発投資の基本コンセプトになりました。

　図3―4の式は個人の生産性についても使えます。分母の事業投資とは、個人レベルでいえば自分の時間を何に使うかということです。個人の生産性を文字式で表すと、次のページの図3―5のようになります。

　つまり、顧客価値を生むことに自分の時間を集中的に使うことが生産性をあげるということです。言葉を換えれば、顧客価値につながらない仕事を減らしていくのが生産性を高めるということになるのです。

　多くの会社で、生産性向上のための仕事の廃棄が、顧客のことを考えず自社の都合や自分の仕事を減らすためだけに行われてい

図3-5　私の生産性とは

$$\frac{\text{顧客価値}}{\text{私の時間}} = \text{私の生産性}$$

ることがよくあります。生産性向上は何のためにやるのか。それは企業の目的である、顧客の価値を効率的に創造するためなのです。

　前述したように、A社の個人の生産性向上に関しては、「汝の時間を知れ」という自分の仕事を分析するということを組織的に行うことから活動がスタートしました。

　A社ではスティーブン・R・コヴィーが書いた『7つの習慣』（キングベアー出版）も参考図書として使っていました。この本の中で一番活用したのが「時間管理のマトリックス」です。図3―6に示すのが「時間管理のマトリックス」の概念図です。中の細かい文言は多少変更しています。

　カギになるのは仕事の「重要度」と「緊急度」という考え方です。私たちの仕事は、この図の左側の上下にある緊急な仕事（第Ⅰ領域と第Ⅲ領域）に忙殺されています。右下の重要でもなく緊急でもない仕事（第Ⅳ領域）を削減していくことは当たり前ですが、意識的に取り組まなければならないのは、右上の緊急ではな

図3-6 『7つの習慣』にある「時間管理のマトリックス」の概念図

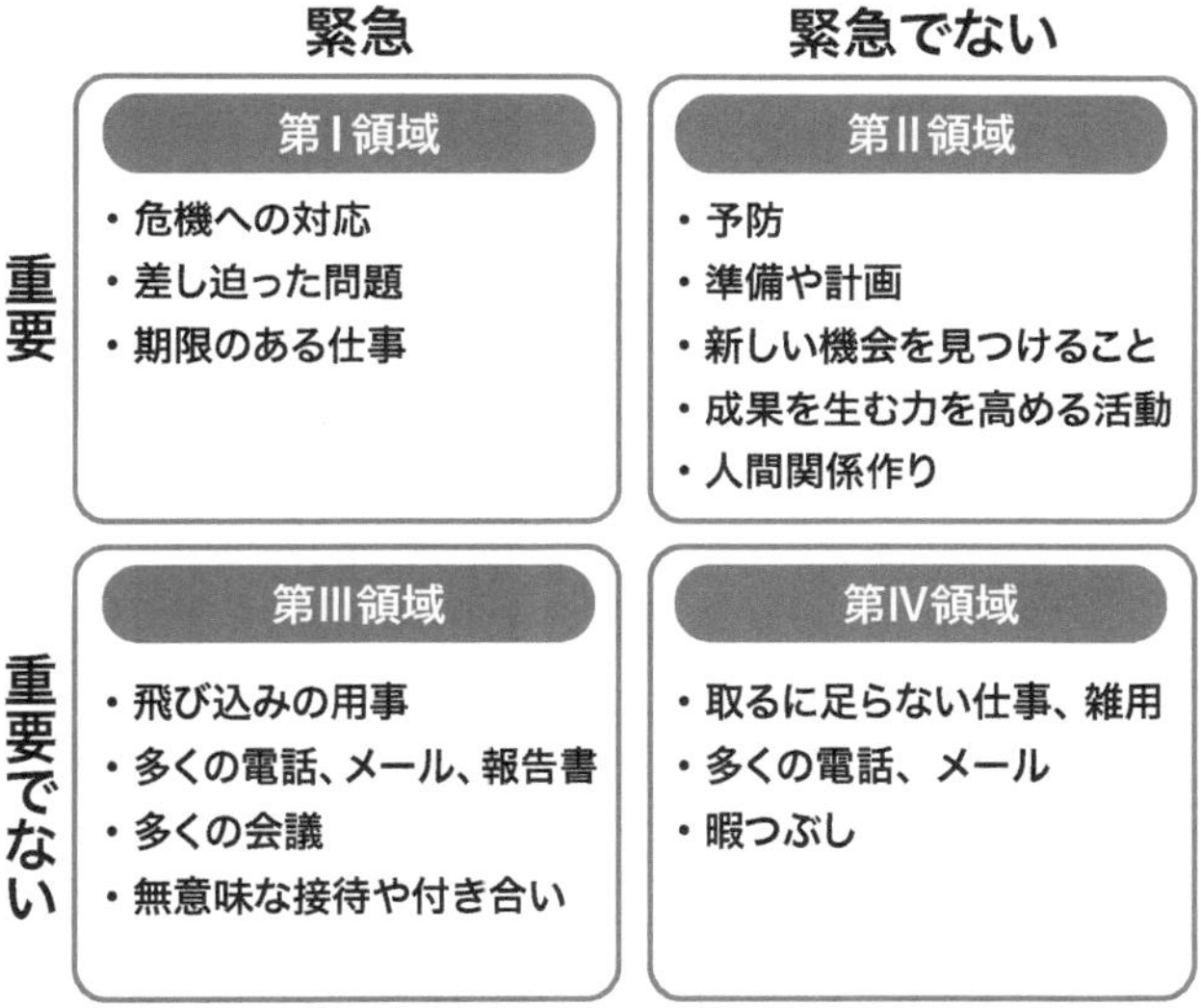

	緊急	緊急でない
重要	**第Ⅰ領域** ・危機への対応 ・差し迫った問題 ・期限のある仕事	**第Ⅱ領域** ・予防 ・準備や計画 ・新しい機会を見つけること ・成果を生む力を高める活動 ・人間関係作り
重要でない	**第Ⅲ領域** ・飛び込みの用事 ・多くの電話、メール、報告書 ・多くの会議 ・無意味な接待や付き合い	**第Ⅳ領域** ・取るに足らない仕事、雑用 ・多くの電話、メール ・暇つぶし

いけど重要な仕事（第Ⅱ領域）に時間をかけ、左下の重要ではないのに緊急だからやらざるをえない仕事（第Ⅲ領域）を減らしていくことです。

次のページの図3―7がA社での実践事例です。もちろん会社名がわからないように内容は修正しています。A社は大手メーカーの国内販売会社であり、どのエリアの営業マンも左下の第Ⅲ領域にある「納期に関する電話対応」とか「商品に関する問い合わせ」に忙殺されていました。ほとんどの営業マンはそれが仕事と思っていましたし、そのことの丁寧な対応に

図 3-7　A社での「時間管理のマトリックス」の実践事例

緊急でない

第Ⅱ領域

1. 重要実施項目の企画・戦略立案と実行
① 特定顧客の接点開発のための企画立案と実行
② エリア担当者としての地域戦略立案と実行
③ 商品を知ってもらう活動の企画立案及び実行

2. 繰り返し起こる問題への対策
→ **① 納期に関する電話対応削減への抜本対策**
② 商品に関する問い合わせ削減への抜本対策
③ 第一顧客の徹底理解によるイノベーション提案
④ 考え勉強する時間を増やし、成果を生む力を高める
⑤ エリア担当者としての新たな人間関係作り

第Ⅳ領域

1. ルートセールス活動
2. 過去のしがらみの人間関係
3. POP作成
4. 電話・メール対応

より販売店の担当者と信頼関係を築いていると思っていました。さらには、多くの電話がかかってくることが、頼りにされ信頼されている営業マンの証《あかし》くらいに考えていた人もいたと思います。

　しかし、前述したように、それは本来の仕事ではなかったのです。販売店の担当者は、彼らが接客をしている最中に、納期や商品についてメーカーの営業マンに問い合わせはしたくなかったのです。

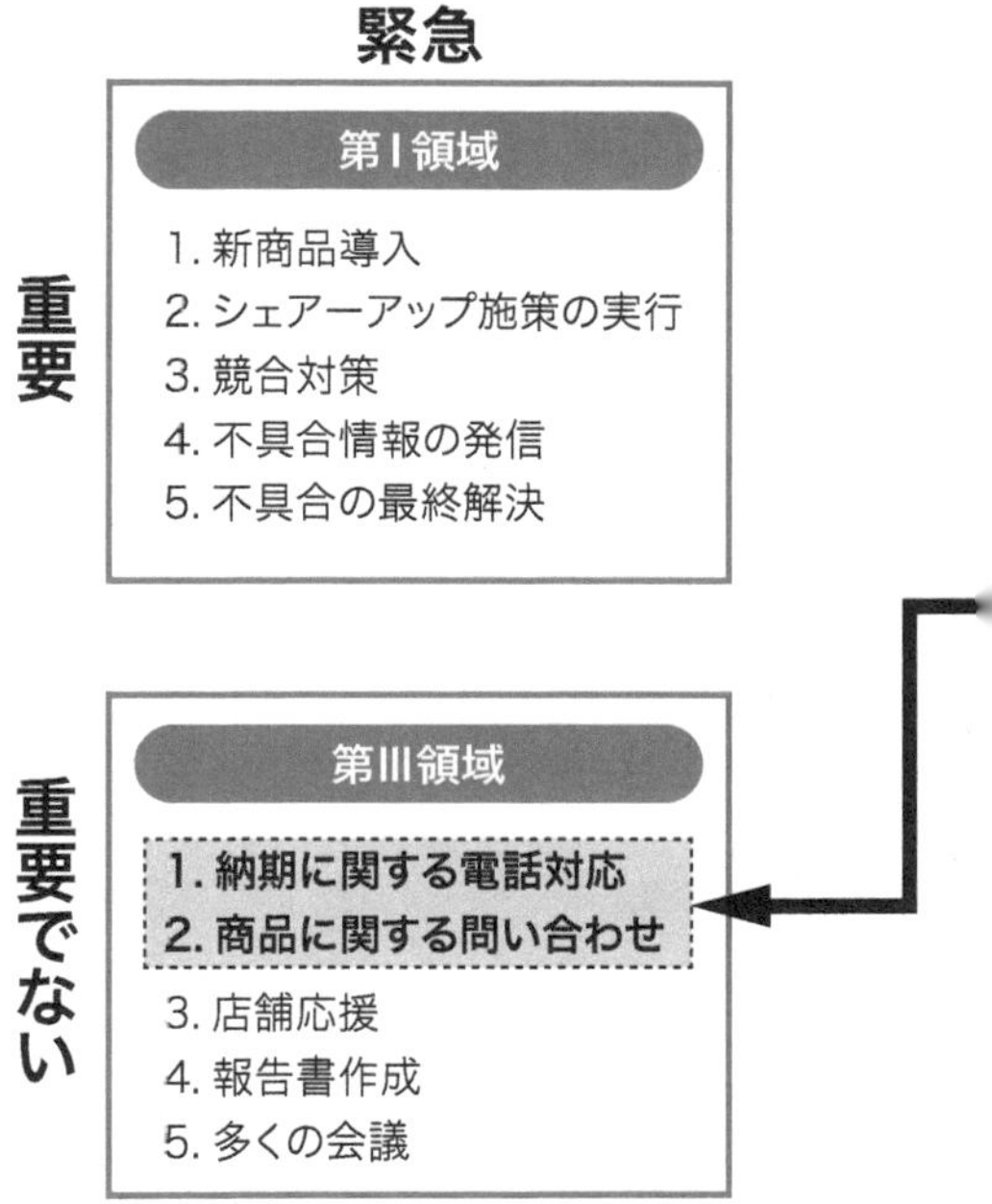

A社の営業マンは、第一顧客である販売店の担当者の本当の顧客価値を理解していませんでした。さらには、電話対応の忙しさにかまけて、本来やるべき仕事である第Ⅱ領域に十分な時間も労力もかけていなかったのです。

このようにして、A社では「顧客は何を価値あるものとしているのか」を常に意識し、顧客価値を生まない仕事はどんどん削減していったのです。そして、生まれてきた時間を第Ⅱ領域の仕事に集中するようになりました。生産性が飛躍的に向上したのは言うまでもありません。知識労働の生産性向上では、「何をやるか」「何のためにやるか」を明確にすることが極めて重要であり、貢献・成果に結びつく仕事に自分の時間を集中的に投下していく必要があるのです。

〈コラム③〉基本と原則に反するものは例外なく時を経ずして破綻する

ドラッカーの書籍を読んでいると、ビジネスにおいて大切なのは勇気だとつくづく感じます。ビジネスでは重要なところで必ずリスクを伴う判断が必要になってきます。「自社の事業をどう定義するか」、「どこに集中するか」、「何をやるか」など、どれをとっても何かを選びとらなければなりません。何かを選びとるとはそれ以外のものを捨て去ることを意味します。これらの意思決定に唯一絶対の正しい解などありません。ビジネスに携わる者が意思決定をし、その結果に責任をとるのです。

ドラッカーは、成果をあげるための「集中とは、『真に意味のあることは何か』『最も重要なことは何か』という観点から、時間と仕事について、自ら意思決定を行っていく勇気のことである」と言いました。

ドラッカーはマネジメントに関するハウツーを教えてくれるわけではありません。答えを教えてくれるわけでもありません。ドラッカーはマネジメントに関する基本と原則を教えてくれます。

ドラッカーはそのマネジメントの基本と原則に関して、彼のマネジメント研究の経験が、彼自身に教えたものが3つあるとして、『【エッセンシャル版】マネジメント』の序文で次のように述べています。

「第一に、マネジメントには基本とすべきもの、原則とすべきものがあるということだった。第二に、しかし、それらの基本と原則は、それぞれの企業、政府機関、NPOの置かれた国、文化、状況に応じて適用していかなければならないということだった。（中略）そして第三に、もう一つの、しかも極めて重要な『しかし』があった。それは、いかに余儀なく見えようとも、またいかに風潮になっていようとも、基本と原則に反するものは、例外なく時を経ずして破綻するという事実だった[70]」

読者のみなさんもドラッカー経営学を通してマネジメントの基本と原則を学び、

70　『【エッセンシャル版】マネジメント』P・F・ドラッカー著、上田惇生編訳、（ダイヤモンド社）

個人や組織を破綻《はたん》させることなく、ご自身も含め多くの人々を幸せにしていってもらいたいと思います。

第4章

人が活き活きと働き成果に結びついているか？

(1) 管理することがマネジメントだと思っているからダメなのだ

「マネジメント」という言葉が日本では「管理」と訳されているので、マネジメントとは管理することだと考えている人が多いのではないかと思います。確かに、売上高の管理、出荷量の管理、品質の管理など、マネジメントには管理的側面があります。その「管理的マネジメント」の基本は、「計画」と「進捗《しんちょく》管理」であり、私たちの仕事の多くはこの「計画」と「進捗管理」に属するものだとも言えます。

しかし、英英辞典で"manage"という単語の意味を調べると、そこには"do something difficult"とか"deal with problems"という意味が最初に出てきます。ドラッカー著作のほとんどを翻訳してきた上田惇生氏に、「なぜ"management"という言葉が日本では『管理』と訳されているのですか」と質問したことがあります。上田氏の答えは「私は自分の翻訳の中で"manage"という言葉を『管理』と訳したことは一度もない。マネジメントという言葉に対応する適切な単語は漢語にも大和言葉にもない」というものでした。

予測できない未来に関して、また複雑な人間に関して、難しい問題を「どうにかこうにか何とかしていくこと」がマネジメントなのです。そういう意味では、欧米人の方がマネジメントという仕事の本質にフィットした単語を使っていると思えます。

私は、企業の目的が利益だと勘違いしている人が多いのと同じように、マネジメントの仕事を管理することだと勘違いしている人が多いと感じます。前述したように、確かにマネジメントには管理的な側面があります。しかし、人間は他人からの管理が強ければ強いほどやる気を失っていく生き物です。

経営管理的機能で生産性を上げていくということに関して2つの意味合いがあると言いました。一つは、第3章で説明したように、物理的に生産性をあげるということです。そして極めて重要なもう一つが、仕事を生産的なものにして、従業員が活《い》き活きと働くようにするということです。

企業に経営管理的機能が必要なのは、資源を有効活用しなければならないからです。その中でも、人という資源をどのように有効活用できるかがマネジメントの最大の課題であり、マネジメントの腕の見せ所なのです。ドラッカーは次のように言います。「本当の資源は一つしかない。人である。組織が成果をあげるのは、人を生産的たらしめることによってである。それは仕事を通じて行われる[71]」

71『マネジメント　課題、責任、実践』P・F・ドラッカー著、上田惇生訳、(ダイヤモンド社)

私は15年以上マネジメント研修の講師をしてきましたが、研修の中でいつも受講生に「これまで仕事にやりがいを感じたときの要因は何だったか」について質問します。人がやりがいをもって仕事をしているときの要因はかなり共通しています。それは次のようなものです。

① 期待され、頼りにされ、大切な仕事や意義のある仕事を任され（責任）、
② 新しいことや、よりレベルの高いことに取り組み（挑戦）、
③ 自由に思い通りに自分で判断して仕事をし（自律）、
④ 期待に応《こた》え、困難を乗り越えて何かを達成し（達成）、
⑤ 成果を出し、貢献し（成果・貢献）、
⑥ 感謝され、認められ、評価された（承認）。
⑦ また、右記のプロセスを通して自分が成長していると感じたとき（成長）。
⑧ 右記の前提には、明確な目的や目標と、チームが一丸となっている状況が存在する。

読者のみなさんも、今までの仕事人生の中で一番やりがいを持って仕事をしていたときのことを思い起こしてみてください。右記の項目に当たらずとも遠からずといった要因が出てくるのではないかと思います。

これらの内容はどれも「管理」とは程遠いものです。人がやりがいをもって仕事をしている場面を想像すると、むしろ管理とは逆の、何かを任され、自分の思い通りに仕事をし、主体的に何かを達成しようとしている姿が思い浮かびます。

上司側が「管理するのが仕事」と思っていたり、部下側が「言われたことをやるのが仕事」と思っていたりする職場から、活き活き働く人は出てきませんし、そんな職場が活性化した組織になることもありません。

マネジメント教育に長く携わってきて思うことは、人材育成とは主体性の醸成に尽きるということです。主体性がある人とは、自分で考え自ら行動する人のことです。

ドラッカーのモチベーションに関するキーワードは「達成」と「責任」です。ドラッカーの本には“achieving(達成)”という言葉がよく出てきます。ドラッカーの原書自体が改訂されていますし、日本語翻訳本も何度かの改訂が行われています。そして、本によって日本語の訳文が違いますから、“achieving”の訳として「達成」「成果をあげさせる」「仕事を通して人を生かす」「自己実現」などといったいくつかの言葉が使われています。

私は、この“achieving”を日本語で説明するなら「やりがい」という言葉がフィットしていると思っています。多くの人が働いて給料をもらうだけでは満足しなくなっています。人は仕事にやりがいを求めています。

ドラッカーは次のように言います。"To make a living is no longer enough. Work also has to make a life. (snip) They do not necessarily expect to be enjoyable but they expect it to be achieving.[72]" これを私なりに訳せば「もはや生活の資を得るだけでは十分ではない。仕事は自分の人生を作るものでなくてはならない。仕事は必ずしも楽しくなくてよいが、やりがいのあるものでなければならない」という感じです。

だからこそ、企業は「能力を最大限に引き出す課題や機会を提供して、ある意味、産業界で働く人々に『よい人生』をもたらす責務を担っている[73]」とドラッカーは言うのです。

(2) 人のマネジメントも"a person"

繰り返しますが、ドラッカーのモチベーションに関するキーワードは「達成」と「責任」です。ただ、私はそのことを知ったとき、にわかには納得できませんでした。なぜなら、「責任」には「できれば避けたい重圧」というイメージがあるからです。特に日本では「責任」という言葉が「自己責任」とか「責任を取れ」といった悪いイメージで使われることが多いので、なおさらそう思ったのかもしれません。

実は、ドラッカーが「達成」と「責任」の重要性を主張したことに関して、あの「欲求5段階説」で有名なアブラハム・H・マズローは、達成と責任への要求は心身共にかなり強い人でないと耐えられないとして、ドラッカーを「非人間的」だと厳しく批判しました。

確かに、人によって背負える責任の重さは違います。また、同じ人であっても大きな責任を背負えるときとそうでないときがあります。そういう意味で、マネジャーとして一人ひとりの人間を理解することや、互いの尊重の上に成り立つ良好な人間関係を構築することは極めて重要です。

ドラッカーも次のように言っています。「人は機会さえ与えられれば、それだけで成果をあげるべく働くなどと仮定することはできない。強者に対してさえ、責任の重荷を背負わせるには多くのものが必要である[74]」

実は、人のマネジメントが難しいのはここなのです。私のように、コンサルタントとして一般論を語ることはだれでもできます。しかし、現場のマネジャーは一人ひとりの生身の人間に向き合わなければなりません。人間は一人ひとり、能力も仕事のやり方も性格も価値観も考え方も全く違います。さらに、日によって気分も違い、状況によって対応も違うのです。

ドラッカーは次のように言います。「人間の本質については、何らかの理論を掲げられる

72　Peter F. Drucker "Management: Tasks, Responsibilities, Practices" Collins Business
73　『マネジメント　務め、責任、実践』Ｐ・Ｆ・ドラッカー著、有賀裕子訳、（日経ＢＰ社）
74　『マネジメント　課題、責任、実践』Ｐ・Ｆ・ドラッカー著、上田惇生訳、（ダイヤモンド社）

ほど多くの事柄が分かるかどうかは、いまだ不明である。（中略）人間の本質は多面的であり、状況に応じて異なる振る舞いをする[75]」

結局は人のマネジメントも“a person”なのです。ここにこそ人のマネジメントの難しさがあります。この一人ひとりの複雑な人間に関する難しい問題を「どうにかこうにか何とかしていくこと」がマネジメントなのです。このことについては改めて第5章で解説します。

ただ、前述したように、多くの人が仕事を任されたときにやりがいを感じていることは事実です。逆に、仕事をしたいと思っている人にとって一番やる気をなくさせるのは、「あなたには何も期待していません。何の責任もありませんから私が言った通りにやってください」と言われることです。

ドラッカーは次のように言います。「働く人の中には成果をあげることを心底欲する人たち（who want to achieve）がかなりいるものと前提すべきである。さもなければ希望はもてない。幸い、この前提の正しさを示す例には事欠かない[76]」だからこそ、マネジャーは仕事をやりがいのあるものにすることが自分の責務であるということを受け入れなければならないのです（The manager must further accept it as his job to make worker and working achieving.[77]）。

そして、ドラッカーは日米欧の成功している企業の例を調べて、成功している企業が従業員に対して寛容なマネジメントをしているわけでも、民主的なマネジメントをしているわけでもないが、成功している企業は「働くことのマネジメントの基本として、責任の組織化（organizing responsibility）を行っていた[78]」と結論づけています。このことについては後ほど「第4章（7）V字回復した第七の理由（責任の組織化、ツリー構造）」で改めて説明します。

（3）V字回復した第六の理由（やらされ感から主体性へ）

A社は体育会系で上意下達の組織風土だと言いました。さらに、Iさんが社長になってからしばらくは、早く成果を出すために本部に優秀な人間を集めて、方針を決めて企画を練り、それを現場の営業マンに実行させるというスタイルで会社が運営されていました。

例えば、新商品の導入の際には、販売店の店頭にどのように商品を展示し、どのようなPOPを貼り、それをいつまでにどのようにやるかを本部が詳細に決め、営業会議において営業所長を集め、その進捗を徹底的に管理していくという仕事のやり方でした。そのころは

75『マネジメント　務め、責任、実践』P・F・ドラッカー著、有賀裕子訳、（日経BP社）
76『マネジメント　課題、責任、実践』P・F・ドラッカー著、上田惇生訳、（ダイヤモンド社）
77 Peter F. Drucker "Management: Tasks, Responsibilities, Practices" Collins Business
78『マネジメント　課題、責任、実践』P・F・ドラッカー著、上田惇生訳、（ダイヤモンド社）

「仕事はPDCA（Plan, Do, Check, Action）である」ということで、計画と進捗管理、そして修正活動がスピード感をもって実行されていました。

私がA社に係《かかわ》りだし、各営業拠点でドラッカー勉強会を始めたころは、やらされ感で仕事をしている人が少なくありませんでした。中には、本部からの指示と進捗報告の要請があまりにも細かくて厳しいので、各地域で実施していた研修の場で私に対して、「講師からも現場の苦しい状況を本部に伝えてほしい」と言う人までいました。

ドラッカー経営学が導入されてから変わっていったことの一つは、各営業拠点の現場にできるだけ責任を与えていったことです。

この会社は大きく2つの種類の流通網を使って販売活動を行っていました。たとえて言えば、家電メーカーがヤマダ電機という流通網とイオンの家電売り場という流通網の2つの流通網を使って製品を全国販売していたような感じです。仮にA社が使っていた2つの流通網を、X流通網とY流通網ということにしておきましょう。

この2つの流通網に対してA社の営業マンが行う仕事の内容はかなり異なっていたので、本部にはX流通網を担当する企画部門と、Y流通網を担当する企画部門の2つの部門がありました。そして、X流通網を担当する企画部門は各営業拠点のX流通網を担当する営業マンに指示を出し、Y流通網を担当する企画部門はY流通網を担当する営業マンに指示を出していました。

ドラッカー経営学が導入されてからは、各営業拠点の一人の営業マンにある一定の地域に責任を持たせ、その地域においてはその人がX流通網とY流通網に同時に責任を持つという体制に変えました。

X流通網とY流通網とでは営業マンの仕事の内容が違いますから、営業マンの仕事は複雑になりました。しかし、ある一定の地域について自分が全責任を担うとなると、その地域全体の成果をあげるために何をすべきかを自分で考えるようになります。つまり、各営業マンの責任意識が、彼らの行動を主体的にしていったのです。

これは、家電メーカーなどの製造部門で、一人が製品の組み立ての一部しか担当しないというベルトコンベヤー式の仕事のやり方から、一人で一つの製品を最初から最後まで組み立てるという仕事のやり方に変えることで、従業員の生産性とモチベーションが高まったという例と似ていると思います。

私はこの事例を見て、これこそがドラッカーの言う「達成」と「責任」、つまり自分の仕事に「やりがい」と「責任」を持って仕事をするということなのだと思いました。自分が地域の責任者であるという自覚が、昔はやらされ感で仕事をしていた人を、自分で考え自ら行動する主体的な人に変えていったのです。

（4）自由と責任

ドラッカーの基本となる重要な考え方の一つが「自由と責任」です。ドラッカーは、1939年に出版した彼の処女作である『「経済人」の終わり』（ダイヤモンド社）で、第2次世界大戦当時のドイツ人がなぜファシズム全体主義にすがってしまったのかについて考察しました。

それは、経済を基本にした2つの社会体制が結局人間を幸せにできなかったからでした。2つの社会体制、つまり資本主義と社会主義は正反対の社会体制のように思えますが、実は経済活動によって生み出された利益を資本家に分配するのか労働者に分配するのかが大きな違いです。資本家に分配するのが資本主義、労働者に分配するのが社会主義です。つまり、2つの社会体制は共に経済活動を中心にした社会体制なのです。

自由と平等を約束したはずの資本主義は、結局格差と恐慌を生み出し、人間を幸せにすることはできませんでした。一方で、階級のない社会の実現を目指した社会主義は、特権官僚という新しい階層を生み出したばかりでなく、競争のない社会であったために労働意欲の減退と経済の停滞を生み出しました。

ドラッカーは、この当時の大衆の絶望が、人々をファシズム全体主義に向かわせたのだと言いました。当時のドイツ人が求めていたのは安定でした。もし、安定が得られるのであれば、自由を捨ててヒトラーの奴隷になったほうがましだと考えた人が多かったのだと言うのです。しかし、自由を手放したことは、さらに人々を不幸にしてしまうことになりました。

この世の中に全知全能の人間などいません。ですから、だれかが絶対統治するような専制は危険であり、自治と自由が重要になります。そして、自由な人間が自らの責任を果たすことによって自治が保たれるのです。

このように、ドラッカーの言う「自由」には重たい背景があります。ドラッカーは次のように言います。「自由とは、責任を伴う選択である。権利というより義務である。（中略）自由とは解放ではない。責任である。楽しいどころか、一人ひとりの人間にとって重たい負担である。（中略）意思決定と責任が伴わなければ自由ではない[79]」

私はドラッカーの幾多の本の中でも、『明日を支配するもの』という本の中にある次の言葉が頭に残って離れません。「自分自身のことをすることが自由ではない。それは勝手気ままと言うに過ぎない。そこに成果はない。貢献もない。そうではなくて、『自らの貢献とは何か』という問いからスタートするとき、人は自由になる。責任を持つがゆえに自由にな

79　『産業人の未来』Ｐ・Ｆ・ドラッカー著、上田惇生訳、（ダイヤモンド社）

る」(To "do one's own thing" is, however, not freedom. It is license. It does not have results. It does not contribute. But to start out with the question "What should I contribute?" gives freedom. It gives freedom because it gives responsibility.[80])」(日本語翻訳本の『明日を支配するもの』の中の文章の引用ではなく、原書の文章を私が翻訳しましたので、参考文献としては原書の方を記載しておきます。)

あなたの会社の中で「私は自由に仕事をしています」と言っている人がいたとします。しかし、その人が成果をあげていないのであれば、それは大人の世界では自由とは言いません。勝手気ままな人間というだけです。逆に、私の顧問先の社長はみな自由に経営をしています。もし彼らが、「コンサルタントから言われたから」とか「銀行から言われたから」ということで経営をしたならば、彼らは自分の経営に責任など取れるはずがありません。大人の世界では、自由に何かをするということには必ず責任が伴うのです。逆に、意思決定と責任を伴う自由を行使しなければ、責任など取れるはずがないのです。

すべての組織は目的達成集団です。全従業員が共通の目的を持ち、共に成果をあげるところが組織なのです。ドラッカーは「治療者と患者の関係は、上司と部下の関係とは異なる。(中略)治療者は患者の幸せのために働く、マネジメントは組織としての共通の目的のために働く[81]」と言います。

マネジャーは自分の上司が成果をあげられるように貢献しなければなりません。また、部下が成果をあげられるように援助してあげる必要もあります。つまり、上司とあなたと部下が一緒になって、成果をあげることに責任を持つことが、組織の中で働くということなのです。

（5）自己目標管理がマネジメントの哲学（人材育成のためにこれを使う）

多くの企業が目標管理制度を導入していますが、それをうまく使えている会社は少ないと感じます。それは、目の前ににんじんをぶら下げて後ろから上司がムチで尻《しり》を叩《たた》くような目標管理制度であったり、ボーナスや給料の額を決めることを目的にした目標管理制度になっているからだと思います。

ただ、目標管理ということを言いだしたのはドラッカーです。ドラッカーの言う目標管理とは"Management by Objectives and Self-Control"、目標と自己管理によるマネジメントということです。

80　Peter F. Drucker "Management Challenges for the 21st Century" Collins Business
81　『マネジメント　課題、責任、実践』P・F・ドラッカー著、上田惇生訳、（ダイヤモンド社）

私も20年近くサラリーマンをやりましたから、仕事をする上での「目標」という言葉には、私の中では少し悪いイメージがあります。それは「ノルマ」という感じで、達成できそうにもない大きな目標数字が上から下りてくるといった感じです。

ただ、視点を変えれば、「目標」という言葉は人間にとって大きな可能性がある言葉です。人は自分が達成したいという自分の目標を持ってしまえば、後は放っておいてもその目標を追い求めていく生き物です。私の人生の中では大学受験がそのよい例です。自分がこの大学に入りたいという自分の目標を持てば、もう後は親も先生も必要ない。自分自身でその目標に向かって突っ走っていくのです。

実はドラッカーの目標管理とは、「自己目標」と「自己管理」という2つの道具を使って、人が活き活きと働く職場を作ってくださいという意味なのです。

人はやらされ感では活き活きと働けません。122ページのやりがいの要因で説明したように、人は自由人として思い通りに仕事ができなければ幸せになれない。しかし、その自己目標は組織目標に貢献するような目標でなければ、組織で働く意味がない、給料をもらう資格がないということなのです。

私はサラリーマン時代に初めて課長になったとき、その当時の部長から言われた次の言葉を今でも覚えています。「國貞君、課長昇格おめでとう。課長の仕事は個人の目標と組織の目標を一致させることなんだよ」その当時、部長が何を言いたいのかは全くわかりませんでした。しかし、ドラッカー経営学を勉強した今、その当時の部長が何を伝えようとしてくれたかしみじみと理解できます。

自己目標管理の実践において最も大切なことは、置かれた環境の中で自らは何をすべきか、つまり自分の役割・責任・貢献について徹底的に考えてもらうことです。ドラッカーは次のように言います。「目標による管理においては、自分が組織の全体あるいは一部に対して、どのような貢献をし、どのような責任を負うべきかを、各人が徹底的に考え、その内容を上司に説明する必要がある[82]」

人材育成とは主体性の醸成に尽きると言いました。そのためにはまず部下本人に、自分の役割・責任・貢献について徹底的に考えてもらわなければならないのです。その後で初めて、上司には部下が考える貢献について、その有効性を判断する権限と責任が出てくるのです。

ここで重要になるのが、多くの場合部下が考えて設定する目標は、上司が考えているものとは違うということです。例えば、あなたの直属の部下に、「この組織及びあなたの上司である私への貢献ということに関して、あなたにはどのような責任を担ってもらうべきでしょ

82 『マネジメント　務め、責任、実践』P・F・ドラッカー著、有賀裕子訳、（日経BP社）

うか」と質問してみてください。たぶん部下が考えていることとあなたが考えていることとは違うと思います。それは当たり前なのです。上司と部下では情報量も経験量も価値観も考え方も責任の重さもすべて違いますから。

ただ、違いがあることに問題があるのではありません。違いがあることがわかっているということが大切なのです。ドラッカーは「同じ事実を違ったように見ていることを互いに知ることと自体が、コミュニケーションである[83]」と言います。違いがあることがわかっているということは、上司と部下のコミュニケーションにおいて極めて重要な、下から上へのコミュニケーションが成り立っているということを意味するのです。

同じ目的に焦点を当てて上司と部下が議論する自己目標管理は、上司と部下の相互理解にとって大きな意味があります。さらには部下の主体性の醸成にもつながります。

ドラッカーは、哲学という言葉は簡単に使うべきではないと前置きしながらも、「目標と自己管理によるマネジメントこそ、正にマネジメントの哲学と呼ぶべきものである[84]」と言います。

なぜドラッカーがそこまで言うのか。少し長いですがドラッカーの言葉を引用しておきます。「今日企業が必要としているものは、一人ひとりの人間の強みと責任を最大限に広げるとともに、彼らの視野と努力に共通の方向性を与え、チームワークを発揮させるようなマネジメントの原理（principle）である。そして、彼ら一人ひとりの目標と共同の利益とを調和させるようなマネジメントの原理である。これらのことを可能とする唯一の原理が、目標と自己管理によるマネジメントである。（中略）この原理が、外からの管理に代えて、より厳しく、より強く、より多くを要求する内からの管理を可能にする。この原理だけが、指示や命令ではなく、仕事のニーズによる行動への意欲を起こさせる。だれかの意思に従ってではなく、自ら行動しなければならないという自らの決定によって行動させるようになる。換言するならば、自由な人間として行動させるようになる[85]」

つまり、「目標管理の最大の利点は、支配によるマネジメントを自己管理によるマネジメントに代えることを可能にするところにある[86]」ということなのです。その基本となるのは「自由と責任」です。人は自由人として自分の思い通りに、仕事にやりがいを持って主体的に生きなければ幸せにはなれない。しかし、自由には必ず責任が伴う。自らの行動が組織の目標に貢献するような仕事をしていなければ、組織で働く意味がない、給料をもらう資格が

83 『マネジメント　課題、責任、実践』P・F・ドラッカー著、上田惇生訳、（ダイヤモンド社）
84 『現代の経営』P・F・ドラッカー著、上田惇生訳、（ダイヤモンド社）
85 『現代の経営』P・F・ドラッカー著、上田惇生訳、（ダイヤモンド社）
86 『現代の経営』P・F・ドラッカー著、上田惇生訳、（ダイヤモンド社）

ないということなのです。

A社では、私が係るようになる前から、この目標管理制度を人材育成のために使っていました。もちろんボーナスの額を決める道具としても使っていました。従業員のボーナスや昇格・昇給を決める評価会議（この会議はマネジャークラス以上が全員集まって1日がかりで行われます）に出てみると、出てくる言葉は「あの子は最近元気がないな」とか「あの子は最近成長してないんじゃないか」といったものでした。

A社の社長であったIさんの経営における信念は、「個人・組織の成長が第一、すべての活動・施策はこれを達成するためにある」というものでした。

(6) コミュニケーションとは何か

いい機会なので、ここでドラッカーのコミュニケーションについての考え方を解説しておきます。

ドラッカーは「同じ事実を違ったように見ていることを互いに知ること自体が、コミュニケーションである」といった本質を突いたことを言います。しかし、ドラッカー自身は「もしかするとわれわれは、コミュニケーションを完全に理解することはできないかもしれない[87]」とした上で、「すでにわれわれは、（中略）コミュニケーションについて四つのこと（four fundamentals）を知っている[88]」と言います。

1. コミュニケーションは知覚である。
2. コミュニケーションは期待である。
3. コミュニケーションは要求である。
4. コミュニケーションと情報とは異なる。

1番目の「コミュニケーションは知覚である」の「知覚」は、第1章のコラム①で書いた“perception”のことです。生物的な現象は分類と分析では理解できないのです。例えば、「お会いできて光栄です」という言葉が本当に何を意味するかは、言葉だけではわかりません。しゃべり方や眼つきや態度、さらには置かれた状況やそれまでの背景によって、その意味は大きく異なります。好意的な場合もあれば嫌味な場合もあります。全体を全体として見て、その意味を理解しなければならないのです。

87 『マネジメント　課題、責任、実践』Ｐ・Ｆ・ドラッカー著、上田惇生訳、（ダイヤモンド社）
88 『マネジメント　課題、責任、実践』Ｐ・Ｆ・ドラッカー著、上田惇生訳、（ダイヤモンド社）

さらに、「コミュニケーションは知覚である」ということのもう一つの意味は、コミュニケーションは受け手が理解して初めて成り立つということです。受け手が理解できなければ、それは送り手が音を立てているということに過ぎず、コミュニケーションが成り立っているということにはならないのです。

そういう意味で、コミュニケーションは受け手が主役です。だから、「人と話すときは相手が経験的に知っている言葉、つまり大工と話すときは大工の言葉を使え[89]」ということになるのです。部下とコミュニケーションを取りたいなら、部下が経験的に知っている言葉を使わなければならないのです。

2番目の「コミュニケーションは期待である」というのは、人は基本的に自分が期待していることしか聞かないということです。研修講師をしている私はそのことを日々肌で感じています。「ドラッカーのマネジメント」といったタイトルでオープンセミナーを行うと、受講生のほとんどがドラッカー経営学に興味を持っている人ばかりですから、私の話を熱心に聞いてくれます。しかし、「管理職研修」といったタイトルで企業内研修を行って、最初に「顧客の創造」という話をすると、興味深く聞いてくれる人はかなり減ります。だれもがドラッカー経営学に興味を持っているというわけではありません。

人は期待していることしか聞こうとしません。ですから、部下とコミュニケーションを取ろうと思えば、まず部下が何を期待しているかを知らなければならないのです。

3番目の「コミュニケーションは要求である」というのは、一般的に上司から部下へのコミュニケーションは、部下に対して行動変容や考え方の変容を要求します。しかし、人は自分の価値観や欲求や目的と合致しないものは簡単に受け入れません。そういう意味では、まず部下がどういう価値観、どういう欲求、どういう目的を持っているかを理解していなければ、コミュニケーションは進んでいかないのです。

1番目から3番目までのコミュニケーションの基本に共通していることは、コミュニケーションは受け手が主役だということです。したがって、上司と部下のコミュニケーションは基本的に下から上です。部下のことがわかっていなければ、適切な指導もアドバイスもできるはずがありません。いろんな会社に伺って、この会社はコミュニケーションのいい会社だと思うときは、必ず下から上へのコミュニケーションが良好です。

ドラッカーは上から下へのコミュニケーションで効果があるのは命令だけだと言います。人間は長い間、上意下達のコミュニケーションを行ってきましたが、それでは成果はあがりません。なぜなら、自分たちの伝えたい中身ばかり重視するコミュニケーションになってい

89　『マネジメント　課題、責任、実践』Ｐ・Ｆ・ドラッカー著、上田惇生訳、（ダイヤモンド社）

る、つまりコミュニケーションは送り手が主役だと思っているからです。

実は、部下から上司にプレゼンテーションするようなときも、主役は受け手の上司です。なので、プレゼンテーションで大切なのは、プレゼン資料を綺麗《きれい》に作るということより、上司の期待、価値観、欲求、目的を事前によく理解しておくことなのです。

4番目の「コミュニケーションと情報とは異なる」というのは、「コミュニケーションは知覚と深く関わるが、情報は理論と結びついている[90]」ということです。コミュニケーションの基本の1番目で説明したように、コミュニケーションは全体を全体として見て、その本質を理解しなければなりません。一方で情報は、感情や価値観や期待などといった人間的な要素と切り離されていればいるほど、情報としての信頼性と有効性が高まるのです。

上司と部下のコミュニケーションは基本的に下から上だと言いました。しかし、上司が聞く耳を持つだけでコミュニケーションが成り立つというわけではありません。上司が聞く耳を持つだけでコミュニケーションが成り立つという前提には、部下が高いコミュニケーション能力を持っている、つまり部下が上司の言葉で語れる、部下が上司の期待を知っているということがなければなりません。しかし、上司がたいしたコミュニケーション能力を持っていない組織で、部下に高いコミュニケーション能力を持っている人が揃っているのはあまり考えられません。

ドラッカーは、上司と部下がコミュニケーションを取る場合、上司が聞く耳を持つだけでは不十分であり、「両者に共通する何かに焦点を当てなくてはいけない[91]」と言います。だからこそ、共通の役割、共通の目的、共通の成果といったものに焦点を当てる、自己目標管理における上司と部下のコミュニケーションは極めて有効なのです。

ドラッカーは完璧《かんぺき》なコミュニケーション（perfect communications）についても語っています。完璧なコミュニケーションとは、情報に基づかない、つまり言葉がいらないコミュニケーションです。そのためには、「経験の共有が欠かせない[92]」と言います。

例えば、みなさんの職場で大問題が発生したと思ってください。もし、ずっと一緒に働いてきた仲間であれば、その大問題に対して、部長がどう動き、課長がどう動き、担当者がどう動くかについては、話をしなくてもわかりあえることが沢山あると思います。

そういう意味でドラッカーは、コミュニケーションとは「私からあなたへ」という伝達の手段（means of organization）ではなく、話をしなくてもわかりあえる「私たち（us）」という場を作っておく、組織のあり方（mode of organization）なのだと言うのです。

90　『マネジメント　務め、責任、実践』Ｐ・Ｆ・ドラッカー著、有賀裕子訳、（日経ＢＰ社）
91　『マネジメント　務め、責任、実践』Ｐ・Ｆ・ドラッカー著、有賀裕子訳、（日経ＢＰ社）
92　『マネジメント　務め、責任、実践』Ｐ・Ｆ・ドラッカー著、有賀裕子訳、（日経ＢＰ社）

ドラッカーのコミュニケーションの考え方からも、ドラッカーが日米欧で見てきた高いパフォーマンスを発揮している組織の姿が思い浮かびます。

上司と部下が組織の目的と目標を共有し、話をしなくてもわかりあえる「私たち」という一丸となったチームを作り、各人がその組織の中での自らの役割と責任を自覚し、組織目標達成のためにそれぞれが主体的に動いている組織の姿です。

このような組織を日本人がイメージしやすい例で説明するとすれば、一例は高校野球の素晴らしい監督が率いているチームでしょう。甲子園《こうしえん》出場という共通の目標を持ち、「やらす」とか「やらされる」とかといったことではなく、監督も選手もだれもが甲子園出場のために自らやるべきことを精一杯やっているチームです。そんなチームが作れれば成果が出ないはずがありません。そして、それはビジネスの世界でも同じなのです。

こう書いてみると、正にA社のIさんが目指していた会社の姿がこれだったのだと思いました。A社の方針書の最初のページには次のように書いてあります。「―ワンチーム・ワンドリーム―　A社はみんなの力で創り上げていく会社です。私たち一人一人が主体性と勇気を持って、この共同体（社会・会社・仲間）にどう貢献していくか、一緒に考え、一緒に実行しよう」

（7）V字回復した第七の理由（責任の組織化、ツリー構造）

A社がV字回復した第七の理由は、ドラッカー経営学が導入されてA社が変わったことではなく、私がA社から教えられたドラッカー経営学の要点です。それは、実行することの大切さと難しさということです。

ドラッカーの大著『マネジメント』の副題は「課題・責任・実践」ですし、ドラッカーが「経営学は他の学問とは全く違う。経営学は実践されなければ意味がない」ということを口癖にしていたのも知っていました。つまり、経営において大切なのは実践なのです。

しかし、コンサルタントの私は、その本当の意味での大切さも難しさもわかっていなかったのです。文字の意味を理解することと、その文字が表す真意を理解することとは全く異なるのです。A社との係りを通して、私は実践ということの本当の意味をしみじみと教えてもらいました。ドラッカー経営学を勉強しても、それが実践されなければ何の意味もないのです。

127ページで、ドラッカーは、成功している企業は「働くことのマネジメントの基本として、責任の組織化（organizing responsibility）を行っていた」と結論づけていたと言いました。それは、会社の目的や目標を達成するために、会社の各層・各人の責任を明確にしていたということだと思います。

図 4-1　責任を組織化するツリー構造

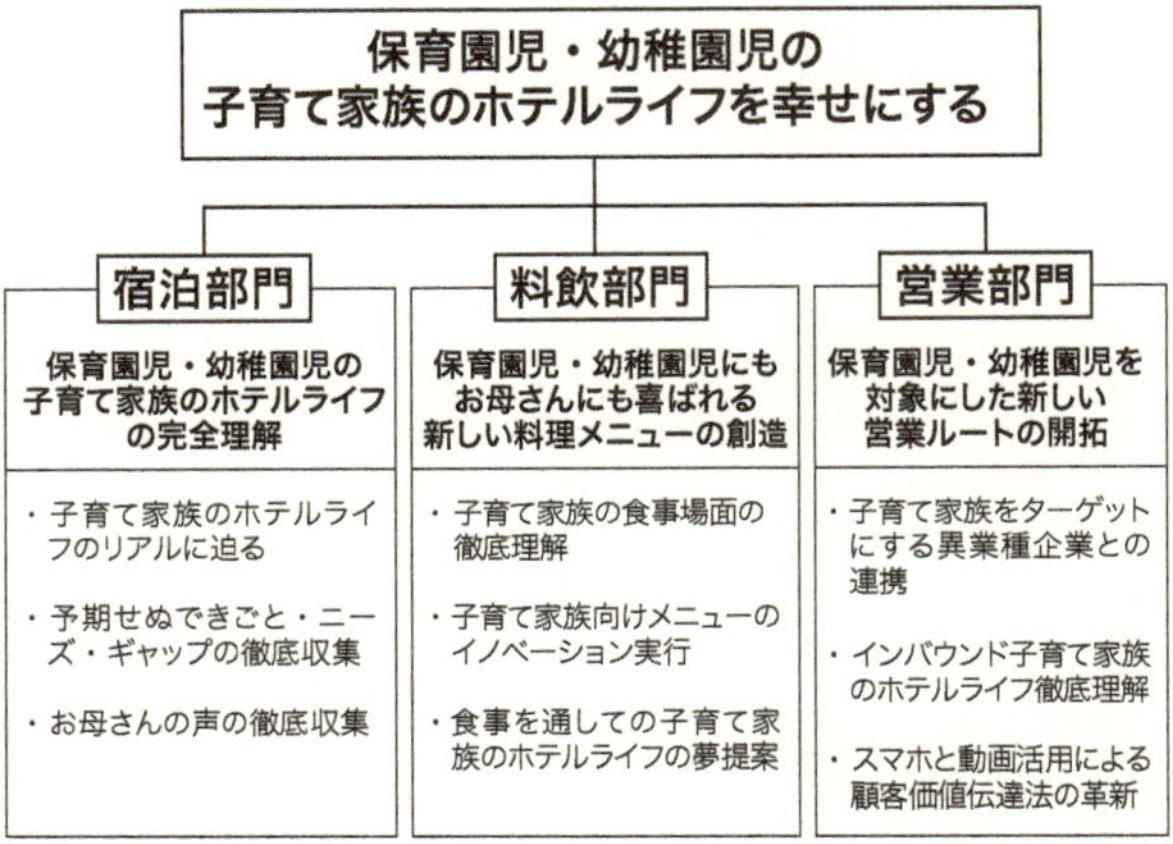
保育園児・幼稚園児の
子育て家族のホテルライフを幸せにする
宿泊部門
保育園児・幼稚園児の子育て家族のホテルライフの完全理解
・子育て家族のホテルライフのリアルに迫る
・予期せぬできごと・ニーズ・ギャップの徹底収集
・お母さんの声の徹底収集
料飲部門
保育園児・幼稚園児にもお母さんにも喜ばれる新しい料理メニューの創造
・子育て家族の食事場面の徹底理解
・子育て家族向けメニューのイノベーション実行
・食事を通しての子育て家族のホテルライフの夢提案
営業部門
保育園児・幼稚園児を対象にした新しい営業ルートの開拓
・子育て家族をターゲットにする異業種企業との連携
・インバウンド子育て家族のホテルライフ徹底理解
・スマホと動画活用による顧客価値伝達法の革新

A社には、図4―1のような「ツリー構造」と呼ばれる、会社の目的を起点にして責任を組織化する仕組みがありました。毎年方針を明確にし、目的を達成するために各人の具体的な活動に落とし込んでいくのです。

図のように、A社は年によって「子育て家族のホテルライフ」の対象をさらに絞り込んで、「保育園児・幼稚園児の子育て家族のホテルライフ」に特化して活動することもありました。

この基本図を社長から部門長までが集まって徹底議論し、それを全社に発表した上で、次には部門長を中心に各部門が個人の活動レベルにまで落とし込み、その具体的な活動内容を今度は部門長が全社に発表するという2段構えで全社集会が行われるのです。

そして、各自の活動が個人の成長という視点で目標管理シートに落とし込まれ、成果を厳しくチェックしていくのです。

合宿会議と称して、社長から部門長が集まってこのツリー構造の基本図を作るのに、細かな文言まで含めて恐ろしいほどの時間をかけて議論するので、私はこの会議に初めて参加したときに、「もう少し他に効率的なやり方があるんじゃないでしょうか」とコメントしました。

私はA社の顧問をしていた間に、Iさんからひどく叱られたことが何度かありました。このときもIさんはすごい剣幕で「國貞さんは何もわかっていない。この文言をどう書くかで従業員がどう動くかが決まってくる。各従業員の体が動かなければ、この合宿会議の意味はないんだ」と言われました。

実行がなければ何の意味もない。実行することの重要性と、Iさんが従業員に実行してもらうことに関して、どれだけの知恵と工夫と労力と時間を使っておられるかを、まざまざと見せつけられた瞬間でした。

〈コラム④〉働き方改革の本質（満足とは受け身の気持ちである）

政府主導の働き方改革が進んでいます。自らの働き方さえお上にリードしてもらわないと変えられないということ自体が、日本に「自由と責任」という意識が根付いていないことの証《あかし》だと思います。

また、働き方改革が進むと長時間労働が減って楽になると考えているような人がいるとすれば、それは自ら「私は成果に対する責任意識が薄いです」と言っているようなものだと思います。

そもそも働き方改革が始まったのは、日本の労働力人口が極端なスピードで落ち込んでいくと想定されているからです。これを補うには、女性の社会進出や外国人の活用などにより働き手を増やすか、労働生産性を上げるしかありません。

確かに日本人は昭和の時代からずっと長時間働き過ぎだと言われてきました。過度の長時間労働を是正するのはいいことだと思います。ただ、働き方改革の真の目的は、労働時間の短縮ではなく、労働生産性を上げることです。つまり、いかに効率的に顧客の価値を創造するかということです。

現在の企業活動はグローバルな競争の中にあります。長時間労働は是正できたが、顧客の価値が創造できず、結局は競争に敗れて倒産してしまったのでは、本末転倒もはなはだしいと言わざるを得ません。

労働生産性を上げるには、本書で述べたように2つのことを考えなければなりません。一つは、物理的に生産性を上げること。そしてもう一つは、人々が活き活きと働く職場を作ることです。その方法論は第3章と第4章で説明した通りです。

また、働き方改革とは従業員満足を高めることだと思っている人もいるのではないでしょうか。しかし、「満足」というのはとらえどころの難しいものです。例えば、重要な仕事をしているので満足な人がいます。たいして仕事をしていないのに沢山の給料をもらって満足だと思っている人がいます。重要な仕事が任されないので不満に思っている人がいます。何でもかんでもただ不満を訴える人がいます。しかも、満足の度合いなどというものは評価も難しいと言えます。

ドラッカーは「満足は動機づけとしては間違っている。満足とは受け身の気持ちである。（中略）意味のあるものは、満足ではなく責任である[93]」と言います。

恐怖によって人を動機付けることはできません。だからと言って、仕事に対する内からの動機付けが、満足によって可能になるわけでもありません。満足とは、何かの結果としてもたらされるものであり、受け身の気持ちなのです。人に内からの動機付けをもたらすのは「自由と責任」です。

93 『現代の経営』P・F・ドラッカー著、上田惇生訳、（ダイヤモンド社）

さらに、企業は顧客から仕事が立派に行われることを求められています。だから、企業は従業員に対して、進んで何かを行うことを要求しなければなりません。責任を要求しなければならないのです。

そして、大きな責任を担い、自ら成果をあげ、貢献することにより、人は自信と誇りを得ます。自信と誇りは他人から与えてもらうことはできません。自らが自らの仕事を通して獲得するしかないのです。そして、自らの仕事を通して自信と誇りを得た人は、自ら進んで新しい課題に挑んでくれるのです。

働き方改革の本質は、労働時間の短縮や従業員満足の向上ではありません。だれかに何かを変えてもらうことでもありません。働き方改革とは、短い時間で大きな成果をあげるために、会社や上司からの指示や命令ではなく、自らの意思決定によって仕事をするという働き方に変えていくということなのです。

それが、自立した大人の人間としての本来の働き方です。そして、そういう働き方ができる人が、仕事にやりがいを感じ、仕事を通して自信と誇りを得るのです。

第5章　「人」という資源は活かされているか？

（1）人を単なる労働力とみなしているからダメなのだ

第3章では物理的に仕事の生産性を上げる方法について書きました。第4章では人が活《い》き活きと働くためのカギとなる「自由と責任」について書きました。そして、この第5章では「人を活かす」ということについて書きます。

一人の人間の一日の作業量を「一人工《いちにんく》」と呼ぶことがあります。「この仕事は3人工の仕事量なので3人を割当てよう」と言ったりします。確かにだれがやっても仕事のアウトプットがあまり変わらない単純作業のような場合はこの考え方が便利なこともあるでしょう。しかし、人間はそもそも機械ではありません。一人の人を生身の人間（a person）として見れば、人は持ち味や仕事のやり方が全く違います。

A社の社長だったIさんは、人をやる気にさせるのが本当にうまい人でした。人の見抜き方、人間関係の作り方、高い目標への目の向けさせ方など、横で見ていてもほれぼれするものでした。しかし、Iさんが長い文章を書くのは見たことがありません。一方で、私は文章を書くのが大好きです。文章を書いているときは、時空を超えて夢の中にいる感じです。しかし、私は人を使うのは苦手です。そもそも人と一緒に仕事をすること自体があまり得意ではありません。

ドラッカー経営学の基本的な考え方は「強みを活かせ」です。ドラッカーの「強みを活かせ」ということに関する指摘は枚挙に暇《いとま》がありません。「何事かを成し遂げられるのは、強みによってである。弱みによって何かを行うことはできない[94]」「人のマネジメントとは、人の強みを発揮させることである[95]」「優れた組織をつくりあげる鍵は、働き手の潜在能力を見つけ、それを伸ばすことに時間を使うことである[96]」

ドラッカーの「人の強みを活かせ」という言葉は、ただ単に成果をあげる上で必要だということだけでなく、ドラッカー経営学の根幹となる思想から出てきているものです。ドラッカーにはユダヤ・キリスト教的人間観がその根底にあり、ドラッカー経営学には人間に対する慈愛の念があります。

ドラッカーの人間観を表す言葉を『ドラッカー　教養としてのマネジメント』（マグロウヒル・エデュケーション）の中から拾い上げてみます。ドラッカーの人間観は、人間は「基本的に不完全で儚いもの」、「すべての人間は神から与えられた権利を持つ」、「人間は生まれ

94 『明日を支配するもの』Ｐ・Ｆ・ドラッカー著、上田惇生訳、（ダイヤモンド社）
95 『マネジメント　課題、責任、実践』Ｐ・Ｆ・ドラッカー著、上田惇生訳、（ダイヤモンド社）
96 『ネクスト・ソサエティ』Ｐ・Ｆ・ドラッカー著、上田惇生訳、（ダイヤモンド社）

ながらにして固有の価値を持つ」、「個人はそれぞれ特有の能力を持っている」といったものでした。そしてドラッカーは、「人間の尊厳に対する、あるいは人間が本来的に持つ価値に対する、敬意の念[97]」を持っていました。

だから、ドラッカー経営学の根底には「人間の幸せ」とか「強みを活かせ」といった考え方があるのです。本書の読者においても、人間の尊厳と本来的な価値を認める人であるなら、従業員を財産として扱い、彼らの強みを活かせというドラッカー経営学の考え方は、スーッと腹に落ちてくると思います。

人間は一人ひとりだれもがかけがえのない存在です。全知全能の人間などいません。だれもがたいした能力も才能も持っていない愚かで不完全な存在かもしれません。しかし、だれもがこの世の中で活かされたいと思っているはずです。読者であるあなたもそう思っていると思います。そして、あなたの周りの人もみんながそう思っているのです。

(2) 人の強みを活かす

ドラッカーは、人を活かすには、その人の「強み」「仕事の仕方」「価値観」を理解しておかなければならないと言います。

まずは「強み」の話から始めましょう。どうすれば自分の強みがわかるのでしょうか。ドラッカーは自分の強みを知ることは極めて難しいとした上で、「強みを知る方法は一つしかない。フィードバック分析である[98]」と言います。

ドラッカーは強みを知るには「やってみるしかない」と言っているのだと私は理解しています。人を成長させたことがあるマネジャーはだれでも知っていると思いますが、人は思いもよらないところで力を発揮してくれます。

例えば、私は昔から数学や物理が得意で国語や歴史はからっきしダメな、典型的な理系人間でした。それがこの歳になって本を書くことによって生計を立てるような人生になるとは、自分自身も私の周りの人もだれも想像していませんでした。人の才能はどこにあるのかわかりません。やってみなければわからないのです。

ドラッカーはフィードバック分析の方法として次のように言います。「何かをすることを決めたならば、何を期待するかを直ちに書きとめておかなければならない。そして、九カ月後、一年後に、その期待と実際の結果を照合しなければならない[99]」ドラッカーは50年以上

97　『ドラッカー　教養としてのマネジメント』ジョゼフ・A・マチャレロ、カレン・E・リンクレター著、阪井和男、高木直二、井坂康志訳、（マグロウヒル・エデュケーション）
98　『明日を支配するもの』P・F・ドラッカー著、上田惇生訳、（ダイヤモンド社）
99　『明日を支配するもの』P・F・ドラッカー著、上田惇生訳、（ダイヤモンド社）

これを続けていたようです。

ドラッカーが言っている「強み」は原書では“Strength”ですから、訳としては「強み」で何ら問題ありません。ただ、ドラッカーが言っている強みは、後天的に獲得した知識とかスキルとかのことではありません。ドラッカーの言っている強みは「与件」、英語では“given”、つまり持って生まれた、もしくは幼少期に形成された強みのことを主に言っています。日本語で言えば、強みというより持ち味、もっと言えば、個性・気質・性分といった類《たぐい》のものです。

ですから、私は会計が苦手だから会計の勉強はしませんとか、英語が苦手だから英語の勉強はしませんとかというのは、強みを活かすということとは別の話です。もし成果をあげるために英語や会計の知識が必要ならば、それは勉強するしかありません。通訳になるとか公認会計士になるとかというのではなく、仕事に必要な英語力や会計力は、普通の人であれば勉強すればある程度はだれでも身に付きます。

しかし、個性・気質・性分といったものはなかなか変えられません。実はそれは変える必要はないのです。その持ち味を使って成果をあげることを考えるべきなのです。ただ問題は、ドラッカーが言うように、自分の強みを知ることが極めて難しいということです。

自分の強みを知る方法論としてベストセラーになった『さあ、才能《じぶん》に目覚めよう』（日本経済新聞出版社）という本があります。その本の中にある強みの種類は34個あります。診断によれば、私の強みは「学習欲」「内省」「自己確信」「達成欲」「戦略性」とのことでした。

ただ、このような診断による分析方法の限界は、それが設問への自己回答による診断であるということです。自分のことは自分が一番よくわかっているというのは、半分は当たっているようで半分は間違いです。本当の自分というのは自分を客観的に見なければわからないのですが、人間はどこまでいっても自分を主観的にしか見られないのです。

また、何が先天的な強みで、何が後天的な強みなのかもわかりません。「氏か育ちか」という言葉の英語は“Nature or Nurture”であり、この２つの単語が似ているように、何が先天的で何が後天的かは識別しがたい面もあります。前述したように、私は子供のころから数学や物理が得意でした。このような知識はすべて後天的に獲得したものですが、数学や物理が好きだというのは、ものごとの本質が気になるという先天的な性質に関係しているような気もします。

さらに言えば、強みがわかったとしても、強みを活かすのはただ単に強みを強化すればよいわけではありません。よく気が付く人は少し度を越せばお節介になります。信念がある人は往々にして頑固です。強みと弱みはコインの裏表のようなものです。強みだけが独立して存在するわけではありません。大きな強みは大きな弱みになり、大きな弱みは大きな強みになりうるのです。

人が大きな失敗をするときはほとんどの場合はその人の強みによってです。もちろん、弱みによって小さな失敗をすることはよくあります。しかし、致命的な失敗はほとんどの場合強みの使い過ぎによるものです。優しい人はその優しさのゆえに人間関係に深入りしすぎたり、「Ｎｏ」が言えず泥沼に入って行ったりします。勇気のある人はその勇気のために破滅を招くことがあります。強みを活かすには、自分の強みの適切な使い方を学ばなければならないのだと思います。

このように自分の本当の強みを知りそれを活かせるようになるのはたやすいことではありませんし時間がかかることです。しかし、自分の持ち味・個性・気質・性分を知ることが自分を活かすための第一歩です。

人材育成の専門家と話をすれば、多くの人が人材育成の要諦《ようてい》は「強みを活かすことだ」と答えます。幼稚園の先生は「幼児教育とはその子の持ち味を活かすことだ」と言います。ラグビー日本代表の監督だったエディ・ジョーンズ氏は、日本人の小さな体格という強みを活かして敏捷性《びんしょう》を強化することによって日本ラグビーを大躍進させました。

ドラッカーは子供の育て方については、すでに西暦一世紀、ギリシャの歴史学者で伝記作家であったプルタークが『子供の育て方』の中で明らかにし、その要諦は芸術家の卵を教えている教師ならだれでも知っており、スポーツ選手のコーチも知っていると言います。

その要諦とは「必要なことは、生徒に何かをなし遂げさせることである。長所や才能に焦点をあてることである。何であれ、他にすぐれているものは、さらに秀でたものとすることである[100]」ということです。

ドラッカーは教育について次のようにも言います。「教育は人に焦点を合わせる。その目的は、人の能力と長所を最大限に発揮させ、成果をあげさせることにある。目的は卓越性(excellence)にある[101]」「自らの成長のために最も優先すべきは卓越性の追求である。そこから充実と自信が生まれる[102]」

ドラッカーは、成果をあげる人は「自分自身であろうとする。決して、ほかのだれかであろうとはしない[103]」と言います。また、「人格を変える試みは、すべて失敗せざるをえない。人は働き始める頃には人格が形成されている。必要なことは人格を変えることではない。あるがままに、持てるものを使って、成果をあげさせることである[104]」

一般的な自己啓発の決まり文句は「あなたは変わりなさい」です。確かに、知識やスキル

100　『新しい現実』Ｐ・Ｆ・ドラッカー著、上田惇生＋佐々木実智男訳、（ダイヤモンド社）
101　『マネジメント　課題、責任、実践』Ｐ・Ｆ・ドラッカー著、上田惇生訳、（ダイヤモンド社）
102　『非営利組織の経営』Ｐ・Ｆ・ドラッカー著、上田惇生訳、（ダイヤモンド社）
103　『経営者の条件』Ｐ・Ｆ・ドラッカー著、上田惇生訳、（ダイヤモンド社）

を獲得する勉強は必要です。しかし、人類史上自分とは違うだれかになろうとして成功した人などいないのだと思います。自分自身になりきった人たちが成果をあげてきたのです。

(3) 強み発見研修の副産物

人材育成の要諦を知らなかったサラリーマン時代に、私はドラッカーの「強みを活かせ」という考え方を聞いて、「ドラッカーも沢山いいことを言うけど、やっぱりドラッカーは学者だな。机上の理想論だな」と思いました。なぜなら、現場でマネジャーをやっていたら、部下の強みなどと言ってはいられない。部下はそれぞれに弱みばかり持っている。部下の弱みを何とかしなければ組織の成果などあげられない。それが現実だと思っていました。

しかし、それは私がドラッカーの考え方の本質をわかっていなかったからです。ドラッカーが言っている強みとは、後天的に獲得した知識とかスキルではない。もし、成果をあげるために知識やスキルが足りないなら勉強してもらうしかない。教えるしかない。ドラッカーが言っている強みとは、その人の本来の持ち味・個性・気質・性分ということなのです。

このことがわかってから、自分のサラリーマン時代を振り返ってみると、確かに私の短所をあげつらう上司もいましたが、中には私の長所をうまく使って仕事をさせてくれる部長がいました。その部長は、私にだけそういう接し方をしていたのではなく、すべての部下のそれぞれの長所を大切にしていました。ですから、彼が部長のときは私自身も活き活きと働けたし、成果も出していたと思います。そして何より、部全体が活き活きとしていました。

ドラッカーの「人の強みを活かせ」という考え方を理解して、私の人生の中で最も変わったのは、自分の子供との接し方です。周りの人たちは私の子供を褒めてくれますが、私の子供には問題が多いことも事実。その問題点を矯正するのは親しかいない。それが親の責任だと思い、かなり厳しく子供たちには接してきました。ドラッカーを勉強してからも子供たちに対する厳しさが無くなったわけではありませんでしたが、子供の教育に関する考え方が、問題点の矯正ではなく、彼らのいい点をどう伸ばしたらいいか、どのような環境を与えたらいいかということに根底から変わりました。

やはり自分の持ち味や個性が活きる場で働くのは幸せです。なぜだかわかりませんが、私は本を書いているときが一番幸せです。フィードバック分析をしてみても、書くことが一番評価されてきました。本を書いていると時間の過ぎるのを忘れ、夢中になります。そして、自分の持ち味が活かされる分野で仕事をすることが最大の貢献につながります。

104 『経営の真髄』P・F・ドラッカー著、ジョゼフ・A・マチャレロ編、上田惇生訳、（ダイヤモンド社）

何度も言いますが、自分の強みを知ることは簡単なことではありません。時間がかかります。ドラッカーは「かなり特別な能力をもっていてさえ、自らうるべき所を知るのは二十代半ばをかなりすぎてからである[105]」と言います。私の場合は自分の強みを活かして働けるようになったのは40代半ばをかなり過ぎてからでした。

これまで強みを活かすことに焦点を当てて説明してきましたが、人は強みだけに焦点を当てていればいいのでしょうか。ドラッカーはそうは言っていません。ドラッカーは、「フィードバック分析は、伸ばすべき技能や新たに身につけるべき知識を明らかにする[106]」と言います。特に人は、自分の専門以外の分野を軽視し過ぎると言います。例えば、一流の技術者は、人間はあまりにも不合理なものとして避けたがるし、逆に人事の人間は、会計や定量的な手法を軽視しがちだと言います。

ドラッカーは「自らの強みを十分に発揮するうえで必要な技能と知識を身につけていかなければならない[107]」とした上で、特に頭のよい人たちや若い人たちは、人への接し方や礼儀の大切さを認識し、それを身につけなければならないとも言います。

ただ、間違ってはならないことは自分が才能のない分野で仕事をしないことです。ドラッカーは次のように言います。「無能を並みの水準にするためには、一流を超一流にするよりも、はるかに多くのエネルギーを必要とする[108]」

私はＡ社で何度も強み発見研修なるものを行いました。ドラッカーの考え方をベースにしたのはもちろんですが、自分を知るために「ビッグファイブ」という考え方を使いました。心理学の分野では、１００年以上に及ぶ性格研究の結果、性格には「外交性」「情緒安定性」「誠実性」「協調性」「開放性」の５つの因子があるとする「ビッグファイブ」という仮説があります。

しかし、これだけではそれぞれの人の持ち味を把握することはできませんでした。例えば、極端に外交的とか極端に内向的という人は極めてわずかで、ほとんどの人はどちらかといえば外交的、どちらかといえば内向的といった程度の差しか出てこないのです。

多くの要素が複雑にからみあってできあがっている人間の個性などというものは、そもそも言葉にするのが難しい面があります。人間理解ということに関してはやはり人生経験がものを言います。素晴らしいマネジャーは、人生の修羅場を通して体験的に人の心を理解し、心理学者が及ばないほどの現実的な人間理解をしている人が多いと感じます。

105　『明日を支配するもの』Ｐ・Ｆ・ドラッカー著、上田惇生訳、（ダイヤモンド社）
106　『明日を支配するもの』Ｐ・Ｆ・ドラッカー著、上田惇生訳、（ダイヤモンド社）
107　『明日を支配するもの』Ｐ・Ｆ・ドラッカー著、上田惇生訳、（ダイヤモンド社）
108　『明日を支配するもの』Ｐ・Ｆ・ドラッカー著、上田惇生訳、（ダイヤモンド社）

これが正にドラッカーの言う"perception"だと思います。生き物である人間を分解して分析してもその本質はわからない。一人の人間をそのまま全体として見て、その本質を"perceive（気づき、悟り、看破）"するしかないということだと思います。

強みを知ることは簡単ではありませんが、強み発見研修を行って、互いの強みを指摘しあうような議論を行うと、組織の意識が人を尊重する方向に向かいます。組織の雰囲気が明るく前向きになります。そして、みんなから自分の強みを指摘してもらった後に問題点を指摘されると、人はその指摘を素直に受け入れるようになります。たぶん、みなが自分を尊重してくれ受け入れてくれた上で、自分を成長させるためにアドバイスしてくれていると素直に感じるからだと思います。

社内での研修としての自己分析の道具は、「ビッグファイブ」でも何でもいいと思います。是非みなさんの職場でも強み発見研修を実施してみてください。職場の雰囲気と構成員の関係性が変わっていくと思います。

(4)「果たすべき貢献は何か」という問い

ドラッカーは強みを活かすことについて、『明日を支配するもの』の中でかなりの紙面を使って説明していますが、人間の強みがどんなものであるかについての具体的な事例はほとんど挙げていません。ただ、『創造する経営者』の中に、ロスチャイルド家が４人の子供の強みを活かして成功したことについて書いてありますので、参考までにその内容を引用しておきます。「　」内の文章が引用箇所です。

ロスチャイルド家の長男は「大胆かつ創造力に富んでいた。しかし彼は、無骨で横柄に見えるところがあった」なので彼は、「作法など意に介さない攻撃的な金融家たちによって、連日熾烈な戦いが行われている世界最大の競争的な金融中心地」であったロンドンに行かされた。

次男は「早くから策に長けており、政治的な戦略家だった」なので彼は、「金融の世界では、最も策略に満ちたところだった」パリに行かされた。

三男は「礼儀正しく、尊大なまでに威厳があり、かつ極めて忍耐強かった」なので彼はウィーンに行かされた。「ウィーンでの金融とは、ハプスブルク家との取引を意味した。彼の唯一の得意先が、遅疑逡巡、優柔不断、儀礼と自尊のハプスブルク家だった」

四男は「勤勉で誠実」であったのでロスチャイルド家の総支配人として働いた。「彼は、兄弟たちに自筆の手紙で情報を提供し続けた。彼が築き上げた膨大な情報網は、ロスチャイルド家に対し、新聞や郵便や電信のない時代において、世界の情報に関する、迅速かつ信頼度の高い情報を独占的に与えた」

このように、ドラッカーが言っている強みは、後天的に獲得した知識とかスキルのことではなく、持って生まれたもしくは幼少期に形成された強みのことを主に言っているのです。

ドラッカーは、人を活かすには、その人の「強み」「仕事の仕方」「価値観」を理解しておかなければならないと言いました。次は「仕事の仕方」についてです。ドラッカーは「仕事の仕方は強みと同じように与件である[109]」と言います。

ドラッカーは「仕事の仕方について初めに知っておくべきことが、自分は読む人間か、聞く人間かである[110]」と言います。しかし、私はこの件についてドラッカーが何を言いたいのかすぐにはわかりませんでした。なぜなら、私は完全に読むタイプの人間で、この世の中に読んで理解するより聞いて理解する方が得意だと思っている人がいるということさえ想像できませんでした。しかし、研修の中でこの質問をすると、受講生の約半数は「聞いて理解する方が得意だ」と答えるのです。私のように読んで理解する人間にとっては、電話よりメールの方がいろんな意味で重宝です。しかし、聞いて理解する人は、メールより電話や対面の方がはるかにありがたいと思うのでしょう。

ドラッカーは仕事の仕方について、『明日を支配するもの』の中でいろんな事例を挙げています。「人と組んだほうがよいか、一人のほうがよいか」「緊張や不安があったほうが仕事ができるか、安定した環境のほうが仕事ができるか」「大きい組織で歯車として働いたほうが仕事ができるか、小さい組織のほうが仕事ができるか」「意思決定者と補佐役のいずれとしてのほうが成果を上げるか」などです。

ドラッカーの指摘する事例だけでなく、人の仕事の仕方は本当にさまざまです。仕事に取り掛かる前に準備や調査を丹念に行ってから仕事に着手する人もいれば、とりあえず動き出して失敗を重ね、沢山の人に助けてもらいながら成果をあげていく人もいます。「神は細部に宿る」と言わんばかりに細部にこだわる人もいれば、常に全体像の把握を重視する人もいます。スピードが命だと考えている人がいるかと思えば、正確さを最重要視する人もいます。仕事のやり方は本当に人によってさまざまです。

私は、自分ではかなり神経質で細かいほうだと思っているのですが、サラリーマン時代の多くの上司から言われたのは、「國貞君に仕事をお願いすると、いつも同じ仕事のやり方をする。例えば、塀を作ってくれと依頼すれば、恐ろしいスピードで塀を作る。しかし、その塀はところどころに穴が開いている。そこを指摘され、その穴埋めをして塀を完成させるという仕事のやり方だ」ということでした。仕事のやり方についても、自分が認識している自

109『明日を支配するもの』P・F・ドラッカー著、上田惇生訳、（ダイヤモンド社）
110『明日を支配するもの』P・F・ドラッカー著、上田惇生訳、（ダイヤモンド社）

分と他人が見ている自分というのは違うのだなと思います。

さらにドラッカーは、「自らにとって価値あるものは何かを考えておかなければならない[111]」と言います。そして次のように言うのです。「組織において成果を上げるためには、働く者の価値観が組織の価値観になじむものでなければならない。同じである必要はない。だが、共存しえなければならない。さもなければ、心楽しまず、成果も上がらない[112]」

価値観に関して簡単に言えば、お金にたいして興味を持っていない人が、周りの人が金持ちになるために一生懸命になっているので、自分も一生懸命働いて金持ちになりました、では幸せになれない。自分を活かすためには、自分にとって価値あるものは何かを理解しておかなければならないということです。

私は39歳のときに会社を辞めて独立しました。その際、自分の価値観についてかなり時間をかけて考えました。私はこれまで何を大切にして仕事をしてきたのか、これからの人生において何を大切にして生きていきたいのかといったことを考えました。自分の価値観が少しわかったなと思ったのは、過去の重大な決断の裏に隠されていた理由を整理したときでした。なぜあの大学を選んだのか、なぜあの会社に就職したのか、なぜ留学を決意したのか、なぜ退職を決意したのかといったことの裏にある理由です。そのキーワードは、貢献・創造・挑戦・変革といったものでした。私はこのような単語に関係する状況にいたときはいつもワクワクドキドキしていました。

ただ、自分の強み、仕事の仕方、価値観がわかったからといって自分が活かされるというわけではありません。自分を活かすには貢献がなければなりません。そして、自らが果たすべき貢献を考えるということは、「何に貢献したいと思うかではない。何に貢献せよと言われたかでもない。何に貢献すべきかである」とドラッカーは言いました。これは第3章でも説明したことですし、第4章で述べた「自由と責任」にもつながる考え方です。

そして、ドラッカーは自らの貢献を見いだし、それを実行していくことに関するポイントを次のように教えてくれるのです。「自らの貢献とは何かという問いに答えを出すためには、三つの要素を考える必要がある。第一は、状況が求めるものである。第二は、自らの強み、仕事の仕方、価値観である。そして、第三は、成果の意義である。そこから、とるべき具体的な行動が明らかとなる。行うべきこと、始めるべきこと、始め方、目標、期限である[113]」

第4章で、人材育成とは主体性の醸成に尽きると言いました。そして、そのためにはまず部下本人に、自分の役割・責任・貢献について徹底的に考えてもらわなければならないと言

111　『明日を支配するもの』P・F・ドラッカー著、上田惇生訳、(ダイヤモンド社)
112　『明日を支配するもの』P・F・ドラッカー著、上田惇生訳、(ダイヤモンド社)
113　『明日を支配するもの』P・F・ドラッカー著、上田惇生訳、(ダイヤモンド社)

いました。自分を活かすためにもまず考えることは、自分が置かれた状況が自分に何を求めているかなのです。つまり、自分を活かすためには、自分の役割・責任・貢献についてまず自分自身が徹底的に考えなければならないのです。

（5）上司をマネジメントする

人の強みを活かすということに関して、自分や部下をマネジメントすることばかり説明してきました。しかし、世の中には上司をマネジメントするという意識がなく、それがないせいで成果をあげられないビジネスパーソンが沢山います。そういう私自身がサラリーマン時代に、上司をマネジメントすることなど考えたこともありませんでした。

ドラッカー経営学に関する短時間の勉強会を行うことがありますが、短時間のドラッカー勉強会でその後に一番成果につながるのは、この上司のマネジメントという話をしたときです。それは、多くの人が上司のマネジメントについて全く考えていないことの証《あかし》であり、全く考えていないからこそ、そのことの重要性に気付かされると大きな変化につながっていくのだと思います。

上司のマネジメントに関しては『経営の真髄』（ダイヤモンド社）にその内容が書かれていますが、その要点を解説します。「上司をマネジメントするうえで行うべきことは七つである[114]」とドラッカーは言います。

1. 上司リストの作成
2. 上司本人に注文を聞く
3. **上司の仕事のやり方を知る**
4. **上司の強みを生かす**
5. 上司に情報を与える
6. 上司を不意打ちに遭わせない
7. **上司を低く評価しない**

この中で特に重要なのが3番と4番です。これは自分を活かすために知っておくこととして説明した、「強み」「仕事の仕方」「価値観」の中の、「仕事の仕方」が右記の3番にあたることで、「強み」が右記の4番にあたることです。上司も人の子です、それぞれに強みと弱

114 『経営の真髄』P・F・ドラッカー著、ジョゼフ・A・マチャレロ編、上田惇生訳、（ダイヤモンド社）

みを持った人間です。仕事の仕方も当然違います。

3番の「上司の仕事のやり方を知る」についてドラッカーは次のように言います。「同じ働き方の者はいない。同じ成果のあげ方の者もいない。同じ好みの者もいない。上司それぞれにそれぞれの働き方があり、成果のあげ方があり、好みがあることを知らなければならない。（中略）大事なことは、上司がそれぞれ自分の方法で成果をあげられるようにすることが部下たる者の責任であることを認識することである[115]」

例えば、報告の仕方一つとっても、頻繁に報告すべきか報告することがあるときだけ報告すべきか、書面がよいか口頭がよいか、朝一番に報告すべきか一日の終わりに報告すべきかなど、人には仕事のやり方と好みがあります。

部下は上司の仕事のやり方を変えることはできません。上司自身も何かとんでもないことでも起こらない限り自分の仕事のやり方を変えることはありません。部下が上司の仕事のやり方を知り、上司の仕事のやり方に部下が合わせる必要があるのです。

この仕事のやり方についてはもう一つ注意しておくことがあります。マネジメント研修などで、受講生に上司の仕事のやり方について話をしてもらうと、上司の仕事のやり方に対する不満がかなり出てきます。人はそれぞれに仕事のやり方が違いますから、多くのビジネスパーソンが上司の仕事のやり方にストレスを感じているのだと思います。しかし、注意しなければならないのは、あなたが上司の仕事のやり方にストレスを感じているのと同じように、あなたの部下たちもあなたの仕事のやり方にストレスを感じているということです。

そして、特に重要なのが４番の「上司の強みを生かす」ということです。ドラッカーは次のように言います。「上司をマネジメントするには、上司との間に信頼関係を確立しなければならない。そのためには、上司の側が、自分の強みを発揮でき、弱みを守ってもらえるとの安心感を持たなければならない[116]」

どうですか。読者のみなさんは、上司の強みを発揮させ上司の弱みを守ってあげるというような意識を持って働いているでしょうか。考えてみてください。もしみなさんの部下の中に、あなたの強みを発揮させ、あなたの弱みを守ってあげるというような意識で働いてくれている人がいればどんなに助かることか。

少なくとも私はサラリーマン時代にそんな意識は全くありませんでした。逆に、私も含めて多くのビジネスパーソンは、人の強みはそれぞれに違うということを考えもせず、自分が

115 『経営の真髄』P・F・ドラッカー著、ジョゼフ・A・マチャレロ編、上田惇生訳、（ダイヤモンド社）

116 『経営の真髄』P・F・ドラッカー著、ジョゼフ・A・マチャレロ編、上田惇生訳、（ダイヤモンド社）

普通にできて上司ができないことにイライラしているのではないでしょうか。私は書くのが得意なので、サラリーマン時代に意見書として沢山の長文メールを上司に送っていました。今考えてみれば、上司にとっては迷惑なことだったと思います。

ドラッカーは、国の官僚という人たちは極めて優秀だ。フランスの国家官僚も日本の国家官僚も極めて優秀だ。しかし、ただ単に優秀な官僚は大臣を変えようとする。本当に仕事のできる官僚は、大臣の強みを活かして成果をあげようとすると言っていました。どうですか、読者のみなさんは上司の強みを活かして成果をあげようとしていますか。

上司をマネジメントするとは、上司の強みを活かすということに他なりません。お互いがお互いの強みを活かさなければ、組織としての大きな成果にはつながっていかないのです。さらに言うなら、上司に成果をあげさせるのは部下たる者の責務なのです。

では、どうすれば上司の強みを知ることができるのでしょうか。ドラッカーは次のように言います。「上司の強みをいかにして知るか。心理分析の助けを必要とするのではないか。実は、そのようなものは一切必要ない。本人に直接聞けばよい。（中略）癖を聞こうというにすぎない。たいていの人は、自分の性向は知っているものである。（中略）もちろん観察するだけでも、かなりのことはわかる。しかも多くの場合、そうしてわかっただけで十分である。しかし、最も間違いのない方法が、どうしたらよいか本人に直接聞くことである[117]」

最後に7番の「上司を低く評価しない」についても説明しておきます。ドラッカーは次のように言います。「上司を軽く見ることなどあってはならないことである。上司を軽く見るならば、上司はそれを見抜く。上司は高く評価しておくに越したことはない[118]」

なかなか微妙な表現です。世の中の本質をズバズバと鋭く指摘するドラッカーがこんな表現をすること自体が、世の中の人間関係の機微というものをよくわかっていたということの証のようにも思えます。

右記の「上司を軽く見ることなどあってはならないことである。上司を軽く見るならば、上司はそれを見抜く」の原文は "Finally, never underrate a boss. He or she will either see through your little game and bitterly resent it, or else see in you the same deficiencies as you see in the boss.[119]" です。直訳すれば、「決して上司を低く評価してはならない。そうすれ

117　『経営の真髄』P・F・ドラッカー著、ジョゼフ・A・マチャレロ編、上田惇生訳、（ダイヤモンド社）
118　『経営の真髄』P・F・ドラッカー著、ジョゼフ・A・マチャレロ編、上田惇生訳、（ダイヤモンド社）
119　Peter F. Drucker with Joseph A. Maciariello "Management Revised Edition" Harper Business

ば、上司はあなたの魂胆を見抜いてひどく憤慨するか、あなたが上司の中に上司の欠陥を見つけたように、上司もあなたの中にあなたの欠陥を見つけるだろう」という感じです。

　あなたが相手を低く見れば、相手もあなたを低く見る。あなたが相手を大切に思えば、相手もあなたを大切に思ってくれる。洋の東西を問わず、人間関係とはそういうものではないでしょうか。

　A社の社長であったIさんが人を使うのがうまかった理由の一つはここにあるのだと感じていました。Iさんはいつも「みんなスゴイな〜。よくやってくれる。俺なんかには絶対できないことをやってくれる。人にはみんなそれぞれに強みがある」と言っておられました。また、「一人ひとりの人間が、それぞれのかけがえのない人生を生きている」とも言っておられました。Iさんが、一人ひとりの人間をかけがえのない存在として認め、それぞれのかけがえのない人生に思いを馳《は》せているから、部下たちもそれを感じ、Iさんを慕っていたのだと思います。

「洋の東西を問わず、人間関係とはそういうもの」ということがわかっていても、なかなかそれができない。私などはすぐに人の欠点が気になってしまう。自分が普通にできるのにそれができない人に腹を立ててしまう。だから、人が使えないのだと思います。

(6) 真摯さ（自らの人間関係に責任を持つ）

一人で働き、一人で成果をあげられる人はごくわずかです。組織に所属していようが独立していようが、人は他の人と共に働き、他の人の力を借りて成果をあげます。ですから、自分を活かそうと思えば、自らの人間関係に責任を持たなければなりません。

ドラッカーは自らの人間関係に責任を持つためには2つの要素があると言います。『明日を支配するもの』の中で、その2つの要素に係《かかわ》る小見出しは次のようになっています。

1. 「共に働く人を理解する」
2. 「自分の考え方を伝える責任」

しかし、「共に働く人を理解する」ということの肝は、原書も含めて読めば、「あなたが特殊であるように、他人もまたそれぞれにあなたとは違った特殊な強みと仕事の仕方と価値観を持つ人間であるということを受け入れる」という意味です。

私にとっては、「共に働く人を理解する」と「共に働く人が自分とは違った特殊な人間であることを受け入れる」とはかなり意味合いの異なるものです。私はこの人生の中で沢山の人間関係のトラブルを起こしてきましたが、その原因の半分は、自分が特殊な人間であるにもかかわらず、自分とは違う特殊な他人をなかなか受け入れられなかったせいだと思います。

2番目の「自分の考え方を伝える責任」については、「コミュニケーションについて責任を持つ[120]」と書かれていて、その上で、人間関係の「摩擦のほとんどは、互いに相手の仕事、仕事の仕方、重視していること、目指していることを知らないことに起因している。その原因は、互いに聞きもせず、知らされもしてないからである[121]」と書かれています。

私の人生の中の人間関係のトラブルの残りの半分は、相手のことを何も知らずにすぐにカッとなってしまったことによるものだと思います。

「自らの人間関係に責任を持つ」ということの重みを、還暦を迎えようとしている私自身がしみじみと感じています。考えてみれば、自らの人間関係は良いも悪いも含めて自分自身が作り出したものです。世の中には、自分とは違った個性を受け入れられる度量の広い人とそうでない人がいます。私は完全に後者です。

人の個性、すなわち強みは表裏一体です。本来なら自分と違った個性を受け入れ尊重すべきなのに、どうしても自分の価値観を正にして人を判断しようとしてしまいます。判断どころか非難してしまうことの方が多いような気がします。

161ページで述べたように、自分の持ち味や個性を活かして働くのは幸せですし、最大の貢献につながります。自分はそうなのに、周りの人もそうなれるようにしてあげようとしているか。誠に情けない限りです。ドラッカー経営学を勉強して、自分とは異なる個性を受け入れ、人の強みを活かすということほど難しいことはないと感じています。

仕事をする上で大切な、強みや仕事の仕方や価値観が人によって異なることはだれもが頭ではわかっていることだと思います。しかし、それを実際に聞いてみるとその違いの大きさに驚かされます。私たち昭和の時代の人間は、仕事が終わってから頻繁に仕事仲間と一緒に飲みに行っていましたから、その飲み会の席のたわいのない話の中で、互いの強みや仕事の仕方や価値観について自然と理解していたのではないかと思います。しかし、最近は飲み会が減っていると聞きます。そのため職場での仕事が「指示と受諾」という無機質なものになっているのではないでしょうか。機会を見つけては、互いの強みや仕事の仕方や価値観について話をしてみてください。大きな発見があると思います。

ドラッカーは「共に働く人たちのところに行って、自らの強み、仕事の仕方、価値観、目標を話してみるならば、返ってくる答えは、必ず、聞いてよかった、どうしてもっと早く言ってくれなかったか、である[122]」と言います。

120　『明日を支配するもの』P・F・ドラッカー著、上田惇生訳、（ダイヤモンド社）
121　『明日を支配するもの』P・F・ドラッカー著、上田惇生訳、（ダイヤモンド社）
122　『明日を支配するもの』P・F・ドラッカー著、上田惇生訳、（ダイヤモンド社）

ドラッカーは、「組織は、もはや権力によっては成立しない。信頼によって成立する。信頼とは好き嫌いではない。信じあうことである。そのためには、互いに理解していなければならない[123]」と言います。部下のマネジメントも上司のマネジメントも、その肝は信頼関係を確立することにあるのです。

私はこれまでいろんな仕事をしてきました。元々機械エンジニアでしたが、その後人事や企画に移りました。独立してからは、執筆、研修講師、コンサルタントなどの仕事をしてきました。この仕事人生の中で思うことは、仕事は何をやっても同じだということです。もちろん、やっていること自体は全然違います。しかし、「すべての仕事は成果を求められている」ということと、「すべての仕事は人を通して行われる」という2つは、どんな仕事をしても同じです。

そして、仕事をする上で大切なことを一つだけ言えと言われれば、それは人との信頼関係が築けるかどうか、人と人との心の繋《つな》がりを作れるかどうかだと答えます。それはエンジニアであろうが人事担当者であろうが営業マンであろうがすべて同じです。

優秀な営業マンは商品やサービスを売っているわけではありません。自分という人間を売っています。その自分という人間の信頼をすべての基本にして、ついでに商品やサービスを扱っているといった感じです。

マネジャーにとって大切なことを一つだけ言えと言われれば、部下の心がつかめているかどうか、部下との間に信頼関係が築けているかどうかだと答えます。部下の心さえつかめていれば、多少論理思考力が弱かろうがプレゼン能力が低かろうが大きな問題ではありません。

私はマネジメント研修を行う場合、信頼関係を築くために大切なことは何だと思うかと受講生に質問します。それも一般論ではなく、みなさんそれぞれの人生経験を踏まえた上で答えてくださいとお願いします。

そうするといかにも年輪を重ねた味のある答えが出てきます。「人の心の痛みをわかってあげる」とか「人の短所をかわいらしい所として認めてあげる」といったものです。ただ、一般的に出てくるのは「嘘をつかない、裏切らない、約束を守る、誠実に、相手の立場に立って、親身になって」といった言葉です。

実は、このような信頼関係を築くために必要な要素をひっくるめたのが、ドラッカーが大切にしていた「真摯《しんし》さ」なのです。原書では“Integrity”です。「真摯さ」と“Integrity”はかなり意味合いの違う言葉です。“Integrity”は、根底に「一貫した」という意味があり、人と人との信頼関係を築くために必要な徳目が一つになったような言葉なのです。欧米人か

123『明日を支配するもの』P・F・ドラッカー著、上田惇生訳、(ダイヤモンド社)

ら「あなたは Integrity のない人ですね」と言われたら、あなたとは全く付き合うつもりがない、人間として信頼できないと言われたことになります。

“Integrity”にぴったりくる日本語がないので、翻訳家も文脈に合わせて、高潔・気骨・真心・誠実・矜持《きょうじ》などと訳しています。ドラッカーの本も昔は高潔と訳されていた時期がありました。“Integrity”は人間として尊敬される人が持つ徳目のようなものですから、「強固な道義心」という意味がもちろんあります。ただ、日本で一番よく訳されているのは「知行合一」「言行一致」という言葉ではないかと思います。言っていることと行っていることが違わない。言っていることにぶれがないなど、一貫性がある人が信頼を得るのです。

ドラッカーはマネジャーに必要なものはほとんどが学ぶことができるとした上で、必ず必要な資質が一つだけある。それは「才能ではない。真摯さである[124]」と言います。ただ、真摯さはマネジャーだけに必要となる資質ということではありません。人と共に働き、人と人との間に信頼関係を構築しておかなければならないすべての人に必要な資質なのです。

私の2人の子供はすでに大人になりました。親としても社会人の先輩としてももう何もアドバイスすることなどありません。世間様に鍛えていただいています。彼らなりにもしっかりと一生懸命仕事をしてくれていると信じています。ただ、一つだけアドバイスしていいと言われれば、人間として後ろめたいことはするな、誠実に生きろということだけです。仕事で大きな成果をあげていても、公私の混同をしたり、自分の失敗を隠すために嘘をついたりすると、すべてがダメになります。人間は弱い生き物です。気付かれないなら会社のお金を自分のために使おうと思ったり、できることなら自分の失敗を隠しておきたいと思ったりするものです。しかし、そういった行動がすべてをダメにしてしまうのです。

ドラッカーは次のように言います。「プロフェッショナルの責任は、すでに２５００年前、ギリシャの名医ヒポクラテスの誓いのなかに、はっきり表現されている。『知りながら害をなすな』である。プロたるものは、医者、弁護士、マネジャーのいずれであろうと、顧客に対して、必ずよい結果をもたらすと約束することはできない。最善を尽くすことしかできない。しかし、知りながら害をなすことはしないとの約束はしなければならない。顧客となるものが、プロたるものは知りながら害をなすことはないと信じられなければならない。これを信じられなければ何も信じられない[125]」

私たちはお医者さんが手術に失敗するかもしれないことは知っています。しかし、どうして私たちはお医者さんに身を委《ゆだ》ねるのか。それはお医者さんが最善を尽くしてくれると信じ

124　『マネジメント　課題、責任、実践』Ｐ・Ｆ・ドラッカー著、上田惇生訳、（ダイヤモンド社）
125　『【エッセンシャル版】マネジメント』Ｐ・Ｆ・ドラッカー著、上田惇生編訳、（ダイヤモンド社）

るからです。それがなければ、人が人を信じるという社会の基盤が失われるのです。

人はだれも愚かで不完全な生き物です。一生懸命やっていてもうまくいかないことがあります。しかし、「知りながら害をなす」ということをやってしまえば、社会からの信頼を失うのです。個人も組織も、社会から大きな信頼を失うときは常に、知りながら害をなしたときなのです。

(7) 人は成長しなければ活かされない

自分の強みを知り、自らの貢献について考え、周りの人と信頼関係を作っていれば、それで自分は活かされることになるのでしょうか。

私はいろんな会社にお伺いしますが、会社によっては40歳にもなっているのに、新入社員レベルとしか思えないような、視野が狭くて低く、小さな仕事しかできない人に出くわすことがあります。能力が低いからではありません。鍛えられていないからです。そのような人に出くわすたびに、この会社の社長、役員はじめマネジャーの人たちは何をしてきたのだろうかと思います。

仕事を通して成長できていない人は本当に気の毒です。成長しなければ、仕事にやりがいを見いだせなくなります。仕事に誇りも自信も持てなくなります。挑戦もしなくなります。

そもそも企業は成果をあげることを求められています。より優れた商品やサービスを創造し供給することを期待されています。そして、より優れたものを創造するために、組織の中で成長が期待できるのは、人間という資源だけなのです。

ドラッカーは次のように言います。「企業にとって、より大きなものに成長することは必ずしも必要ではない。しかし、常により優れたものに成長する必要はある[126]」「われわれが利用できる資源のなかで、成長と発展を期待できるものは人間だけである[127]」

社長、役員はじめマネジャーの人たちは士気の高い組織を作らなければなりません。士気が高い組織というのは、仲良しクラブのような組織ではありません。高い成果をあげることをベースにした組織のことです。士気の高い組織を作ることは、社長、役員はじめマネジャーの人たちの責務なのです。

ドラッカーは次のように言います。「組織において『士気が高い』とは、『従業員どうしの折り合いがよい』という意味ではない。（中略）成果をあげるかどうかが、肝心なのである。（中略）組織はみな、いつでも『ほどほどでよい』という誘惑と背中合わせである。このた

126 『現代の経営』Ｐ・Ｆ・ドラッカー著、上田惇生訳、（ダイヤモンド社）
127 『現代の経営』Ｐ・Ｆ・ドラッカー著、上田惇生訳、（ダイヤモンド社）

め、組織が健全であるためには、何よりも高い成果を求めなくてはならない。（中略）マネジャー自身が高い成果基準を掲げる必要がある[128]」また、次のようにも言います。「組織の士気は経営トップしだいで決まるものなのだ。組織に活力が溢れているとすれば、それは経営トップが活力をみなぎらせているからである。組織が腐っているなら、それもやはりトップがだらしないからである。（中略）経営トップとしては、『部下たちの模範になってほしい』と思える人材以外は、決して高い地位に就けてはいけない[129]」

そして、人材育成に大きな影響を与えるのが、日々それぞれの従業員と直接接するマネジャーです。これから説明するところは人材育成に関して極めて重要なところなので、かなり長いですがドラッカーの文章をそのまま引用します。

「マネジャーは、人材という特殊な経営資源とともに仕事をする。（中略）人間を『働かせる』以上、必ず相手の能力を伸ばすことになる。どの方向に伸ばすかによって、相手が人間として、そしてまた経営資源として、果たして生産性を高めるか、それともまったく上げられないかが決まる。（中略）マネジャーが部下を正しい方向へと導き、より器の大きい豊かな人間へと育つのを手助けできるかどうかによって、当人が向上するかどうか、つまり成長するか力を失うか、豊かになるか貧しくなるか、自分を高められるか堕落するかが決まる[130]」「マネジャーは下位、つまり部下への責任を負っている。何よりまず、部下たちに『自分には何が求められているか』を理解させなくてはいけない。部下たちが自分の目標を決められるよう、手助けしなくてはいけない。それらの目標を達成できるように、手を差し伸べなくてはいけない。部下たちのために、彼らが必要とするツール、人材、情報を入手する責任がある。助言をし、相談に乗り、必要に応じてよりよい仕事の仕方を教えなくてはいけない。

このような下との関係を一言で表そうとするなら、『力添え（assistance）』が最も近いだろう[131]」

「最近では、人々に愛情を注ぎ、手を差し伸べ、うまく接することがマネジャーの要件だとしきりに説かれている。だが、それだけでは決して十分ではない。どれほど繁栄した組織にも、人間嫌いで仲間を助けず、まわりとうまく付き合わない上司はいるものだ。冷たく、人好きがせず、要求水準の高い人こそ、得てして誰よりも多くの人材を導き育てる。そのような人は、人好きのする人物よりも、多くの尊敬を集める。部下に対しても自分に対しても、仕事への厳しさを要求する。高い基準を示し、その基準が満たされるよう期待する[132]」

128 『マネジメント 務め、責任、実践』P・F・ドラッカー著、有賀裕子訳、（日経BP社）
129・130 『マネジメント 務め、責任、実践』P・F・ドラッカー著、有賀裕子訳、（日経BP社）
130 『マネジメント 務め、責任、実践』P・F・ドラッカー著、有賀裕子訳、（日経BP社）
131 『マネジメント 務め、責任、実践』P・F・ドラッカー著、有賀裕子訳、（日経BP社）
132 『マネジメント 務め、責任、実践』P・F・ドラッカー著、有賀裕子訳、（日経BP社）

部下をよりよい方向に成長させることはマネジャーの極めて重要な責務です。人はだれも自分で自分の枠を超えるのは難しいものです。マネジャーは部下に対して高い目標に目を向けさせなければなりません。人間は切磋琢磨しなければ成長しません。それはどこの世界でも同じです。スポーツの世界を見ればすぐにわかります。

人を成長させ、成果が出せるようにし、貢献できるようにしてあげなければ、人は仕事を通して活かされることにはならないのです。そして、マネジャーには、資源のなかで唯一成長が期待できる人間を成長させる責任があるのです。

（8）V字回復した第八の理由（仕事への厳しさ）

A社の元社長のIさんは、人間嫌いで冷たくて人好きのしない人ではありませんでした。温かくて人間が大好きな人でした。ただ、常に高い目標を掲げ、仕事には恐ろしいほど厳しい人でした。

会議の席などでIさんは、部下の心が病んでしまうのではないかと思うほどの厳しい言葉と態度で部下を叱りつけます。しかし、その叱られ続けた多くの部下たちはIさんを慕っていました。Iさんに心をつかまれていました。Iさんは部下がかわいいから、部下を人間として成長させたいから本気で叱るのです。

部下に高い要求を突き付けるのも同じ理由からです。Ｉさんに私が「すでにだれもが限界まで頑張っているのに、よくあんなに高い要求を出しますね」と言うと、Ｉさんは「高い要求を突き付けると人は成長する。本当に要求に応えてくる。その高い要求に応えると人間が一回りも二回りも大きくなる。私は彼らを信じている。彼らがやってくれると信じている」と言われました。

Ｉさんは「いつも和やかに仕事をすることは必ずしも最善のことではない」と言われます。人を成長させるには厳しさが必要なのだと。ただ、その厳しさは、ベースに人への優しさがあり、部下との信頼関係が構築されているから効果的に機能するのです。

Ａ社でのＩさんの退任式に、Ｉさんの直属の部下の方は全従業員の前で、「Ｉさんは厳しかった。怖かった。でも叱られた後は本当にあったかかった。そして、スッキリした。ご指導いただきありがとうございました！」とＩさんにお礼の言葉を述べられました。

Ａ社のドラッカー研修で、ある社員から「Ｉさんはすごく優しい。だから厳しくなれるし、人がついてくるのだと思います。でも私は、Ｉさんのように優しくありません。どうしたらよいでしょうか」という質問を受けたことがありました。

私はこの質問で一つの気付きがあり、私自身が救われたような気分になりました。私はそのころすでに、この質問をしてきた彼の人柄をよく知っていました。彼は感受性が高く、世間の平均レベル以上に優しい人でした。そういう人だからこそIさんの優しさが気になっていたのだと思います。

私は、ドラッカー経営学の全体像が自分でわかったと思ったとき、自分にはマネジメントなど語る資格がないと暗い気持ちになりました。ドラッカー経営学の根底に流れるのは、ドラッカーの人間に対する大いなる優しさです。しかし、私は自分の心にある冷たい面をよく知っていましたから、私ではダメだと思いました。しかし、私のドラッカーに対する感情は、彼のIさんに対する感情と似ているのではないかと思い、少し救われた気持ちになりました。

話をIさんのことに戻しましょう。IさんのA社での最大の功績は、赤字を黒字にしたことではなく、人材を育てたことです。彼は仕事ができる多くの人材を育てました。そのIさんは、人材育成の要諦は「愛情」「切磋琢磨」「信賞必罰」だと言われます。人は切磋琢磨がなければ成長しないのです。だから彼はいつも厳しい態度で部下に接していたのです。

いい機会なので、信賞必罰についてもドラッカーの考え方を少し説明しておきましょう。

ドラッカーは信賞必罰こそが真のマネジメントだとして次のように言います。「組織は人の集合である。（中略）いかなる組織であれ、成員の欲求とニーズを満たさなければならない。この欲求とニーズを満たすものが賞罰であり、各種の奨励策、抑止策である。（中略）そこにこそ組織の真のマネジメントがある。すなわち、一人ひとりの姿勢と行動の誘因となるべきものがある。人は、いかに賞され罰せられるかによって左右される。彼らにとって賞罰こそ、口先でなく真の組織の価値、目的、役割を教えるものである[133]」

Iさんはまた、人のマネジメントにおいても大切なのはマーケティング（＝相手の理解）だと言われます。特に部下を理解し部下を成長させる上で重要なのが、それぞれの部下に対して、適切な目標を設定してあげることだと言います。簡単すぎる目標では人は成長しません。逆に大きすぎる目標ではつぶれてしまいます。適切な目標が人を成長させるのです。また、人を叱りつけたとき、それに耐えられる程度も人によって違います。何を褒められるとうれしいかも人によって異なります。相手のことがわかっていなければ、マネジメントなどできるはずがないのです。

先ほど、「Iさんは、部下の心が病んでしまうのではないかと思うほどの厳しい言葉と態度で部下を叱りつけます」と言いましたが、Iさんは150名の全従業員にそうしていたわけではありません。極端に厳しく接していたのは、彼の周りを固める幹部社員たち、Iさんと毎日のように接している人たちだけでした。

133　『経営の真髄』P・F・ドラッカー著、ジョゼフ・A・マチャレロ編、上田惇生訳、（ダイヤモンド社）

私は現在Iさんと一緒に、A社の親会社の幹部社員研修を行っています。Iさんはその幹部社員研修で、幹部社員に対して「あなたに右腕はいますか」とよく聞きます。自分の周りに阿吽《あうん》の呼吸で動いてくれる信頼できる部下がいなければ、マネジャーとして組織の成果など出せるはずがないのです。そして、そのような強固な信頼関係を築ける人数には限界があるのです。

それは人によっても違うでしょうが、ドラッカーは次のように言います。「マネジメントの『管理の限界』はせいぜい六人から八人とされている。(中略)チームは五人ないし六人を限度とすべきであり、一般的にいって三人から四人が最もよく機能する[134]」さらに次のようにも言います。「チームは一夜にしてならず、機能するには時間がかかる。相互信頼と相互理解が必要である。そのためには数年を要する。私の経験では三年かかる[135]」

マネジャーとして成果を出そうと思えば、阿吽の呼吸で動いてくれる右腕・左腕となる部下が必要ですし、直属の部下たちとは強固な信頼関係を築いておかなければならないのです。そうでなければ厳しく接することもできません。

最近は、パワハラ、セクハラ、長時間労働など、マネジャーとして気を遣わなければならないことが昔に比べて増えたと思います。転職も容易になり、ちょっと気に入らないことがあると簡単に転職してしまう時代になりました。マネジャーとしての仕事は昔に比べて格段に難しくなっているのではないかと思います。しかし、時代がどんなに変わろうと、仕事への厳しさなくして、部下の成長も組織の成果もありえません。そして、その厳しさが吉と出るか凶と出るかは、日ごろからの部下たちとの関係性によるのです。

蛇足になりますが、この仕事に対する厳しさは、A社にドラッカー経営学が入り込んでからA社が変わったことではありません。A社は、いつもは冗談ばかり言いあっている明るい雰囲気の会社ですが、こと仕事に関しては、ドラッカー経営学が入る前から、非常に厳しい緊張感のある会社でした。

〈コラム⑤〉あらゆる経営資源のなかで最も活用度が低いのが人材である

私がA社と係り始めて最初に行ったのが、全社員集会でのドラッカー経営学に関する講演でした。次に行ったのが、マネジャークラスの社員に対する、ドラッカー経営学をベースにしたマネジメント教育でした。そのマネジメント教育は、内容的

134　『現代の経営』P・F・ドラッカー著、上田惇生訳、（ダイヤモンド社）
135　『経営の真髄』P・F・ドラッカー著、ジョゼフ・A・マチャレロ編、上田惇生訳、（ダイヤモンド社）

には新任マネジャー向けの、マネジメントとはそもそも何をすることなのかといった基本的なことを教える内容でした。

研修が始まってしばらくして感じたことは、A社のマネジャークラスの人たちは、世の中の一般的なマネジャーのレベルと違い、視野が高く責任意識が強く思考が深いということでした。その研修に集まった十数名のマネジャーはほとんどが40歳前後でした。歳が若いのでマネジャーという肩書でしたが、実際はIさんの直属の部下として経営の実務を担っていたのです。一般の会社でいう執行役員が行うような、事業経営の執行とそれに対する責任を担っていたのです。

Iさんが A社の社長になってから、A社の人事は抜擢《ばってき》人事でした。年功や学歴には一切関係ない実力主義の人事を行っていました。当時60歳くらいだったIさんを社長として、彼の脇を40歳前後の若いマネジャーが固めていたのです。ちなみに、それ以上の年齢で優秀な人は各地域の営業所長のような役職についていました。

この極端に優秀な40歳前後のマネジャーは、入社したときから極端に優秀だったわけではないでしょう。普通の会社にいれば、マネジャーとしての仕事を与えられ、普通のマネジャーに育っていたことでしょう。彼らはA社において機会を与えられ、事業経営の執行というような重要な役割を担ったから優秀になっていったのだと思います。私は彼らを見てドラッカーの次の言葉を思いだしました。

「人、特に知識労働者というものは、自らが自らに課す要求に応じて成長する。自らが成果や業績とみなすものに従って成長する。自らに少ししか求めなければ成長しない。多くを求めるならば何も達成しない者と同じ努力で巨人に成長する[136]」

ドラッカーは米国の自動車メーカーであるGMを調査して、マネジメントの分野に入ってきた人なので、事業部制についても多くを語っています。事業部制の一つの大きなメリットは、トップリーダーの育成です。社長人材を育成するには経営をやらせることに尽きます。また、社長になって成果が出せるかどうかは、実際に経営をやらせてみて見極めるのが一番なのです。

日本の大企業は一般的に30歳代でマネジャーになって、40歳代で部長になって、50歳前後で役員になるケースが多いのではないかと思います。日本は大きな枠組みで年功序列ですから、30歳代で大きな事業部門のトップになるようなことはまずありえません。一方、欧米では、30歳代で大きな事業部門の責任者になり、40歳代前半で超大企業の社長になったりします。しかし、日本でも明治維新のころは、30歳

136　『経営者の条件』Ｐ・Ｆ・ドラッカー著、上田惇生訳、（ダイヤモンド社）

前後の若い人たちが国を動かしていました。

A社のマネジャーたちを見て、日本でも若いうちから優秀な人間に機会を与え、大きな成果と業績を要求し続ければ、40歳そこそこでも大きな企業の社長を務められるような人が出てくると思いました。心身共に元気のある40歳代の人に、高く広い視野と長期的な視点をもって、日本企業の舵取《かじと》りをしてもらいたいと思いますし、それが必要な大きな変化の時代が到来しているのだと思います。この大きな変化の時代を乗り切るために極めて重要なことは、トップにだれを据えるかだと思います。

私は、日本の企業社会は人材浪費社会だと思っています。優秀な人は山ほどいるのに、大きな責任を与えきれていない。人の強みを活かしきれていない。ドラッカーも次のように言います。

「経営者は『人材こそわれわれの最大の資産である』と好んで口にする。組織によって何か実質的な違いがあるとすれば、それは人材がどれだけの成果をあげるかだけだ。この分かりきった真実を、経営者たちはしきりに述べ立てる。人材を別にすると、経営資源の活用法には組織による違いはほとんどない。あらゆる経営資源のなかで最も活用度が低いのが人材であり、人材の可能性はほとんど埋もれたまま仕事に活かされていない。経営者の大多数は、この点を痛いほど自覚している[137]」

では、人材を活かし、人材の可能性を引き出すにはどうすればよいか。やはり、キーワードは「責任」です。ドラッカーは次のように言います。「成功に必要なものは責任である。あらゆるものがそこから始まる。（中略）自己開発とは、スキルを修得するだけでなく、人間として大きくなることである。おまけに、責任に焦点を合わせるとき、人は自らについてより大きな見方をするようになる。うぬぼれやプライドではない。誇りと自信である[138]」

さらに言えば、自らの権利を主張する人ではなく、自ら責任を担おうとする人が社会から認められるのです。「真摯な人とは責任を持つ人のことである[139]」

137　『マネジメント　務め、責任、実践』Ｐ・Ｆ・ドラッカー著、有賀裕子訳、（日経ＢＰ社）
138　『非営利組織の経営』Ｐ・Ｆ・ドラッカー著、上田惇生訳、（ダイヤモンド社）
139　『ドラッカー　教養としてのマネジメント』ジョゼフ・Ａ・マチャレロ、カレン・Ｅ・リンクレター著、阪井和男、高木直二、井坂康志訳、（マグロウヒル・エデュケーション）

第6章　あなたの会社は大きな変化の時代に生き残れるか？

（1）変化に対応できないからダメなのだ

これまでの第1章から第5章までは、事業と人のマネジメントについて述べてきました。しかし、いくら事業と人をうまくマネジメントできていたとしても、行っている事業が時代に合わないものになってしまえば会社は生き残れません。

ドラッカーは次のように言います。「最高の事業であっても効率が悪ければつぶれる。しかし間違った事業であっては、いかに効率がよくとも生き残ることはできない。（中略）成果のあがる事業であることが繁栄の前提である。効率はその後の条件である[140]」

特に今は非常に大きな変化の時代を迎えています。これまでのビジネスモデルが通用しなくなっている会社も多いと思います。例えば、インターネットにつながった情報端末にすぎない小さなスマホの存在が、新聞業界、雑誌業界、音楽業界、カメラ業界、カーナビ業界など、沢山の業界の事業環境を大きく変えてしまいました。

現代は第4次産業革命の時代と言われています。第1次産業革命は18世紀末からの蒸気機関の活用などによる機械化の時代、第2次産業革命は20世紀初頭からの分業化と電力活用による大量生産の時代、第3次産業革命は1970年ころからのコンピューターやデジタル技術の活用によるオートメーション化の時代。そして、第4次産業革命はIoT（Internet of Things）、ビッグデータ、AIなどの活用による超スマート社会の時代です。

20世紀は肉体労働が知識労働に変わった時代でしたが、この21世紀は、知識労働の多くがAIにとってかわられるかもしれません。しかし、そのような時代になったとしても、第2章のコラム②で述べたように、人間にとって仕事をすることは極めて重要です。「人間社会は共に働くことを基盤とする」のです。21世紀は、人間が行うべき仕事とはそもそも何なのかを考えていかなければなりません。

産業が大きく変化しているだけでなく、社会も大きく変化しています。日本の少子高齢化は人類史上例をみないスピードで進んでいます。人口の都市集中が進み、地方の人口はどんどん減っています。一方で、今後外国人労働者が増えていくのは間違いありません。

20世紀は、第2次産業革命による大企業の誕生で、多くの人が組織で働くようになった時代でした。しかし、インターネットが普及し知識労働者が増えていく21世紀は、雇用の形態も変わっていくでしょう。

20世紀は資本主義が隆盛を極めた時代でした。資本主義社会とは資本が価値を生む社会で

140　『マネジメント　課題、責任、実践』P・F・ドラッカー著、上田惇生訳、（ダイヤモンド社）

す。機械や工場などの価値を生む生産手段を企業が保有していました。しかし、ポスト資本主義社会は知識社会です。知識労働者が価値を生む社会になります。

資本主義社会においては、価値を生む資産を企業が持っていましたから、M&Aという企業買収の概念が通用しました。しかし、知識社会においては、知識労働者が価値を生みます。いくら価値がある企業を買収しても、その中の価値ある知識労働者が退職してしまったら、買収した企業の価値は無くなってしまうのです。

最近のIT企業のバランスシート（BS）を見ると、BSの左側の資産の中にあるのはほとんどが現金です。IT企業の最大の資産である人の価値はBSには表れません。資本主義社会において価値を生む資産はBSの左側に表示されていましたが、知識社会における企業の価値はすでにBSでは表せなくなってきています。今後は企業会計の姿も大きく変わっていくのでしょう。

知識労働は移動が可能です。企業を超えて、国を超えて簡単に移動していきます。そういう意味では、今後企業という概念や国家という概念も少しずつ変わっていくのだと思います。

今や、アップル、アマゾン、グーグルといったグローバル企業は、地球全体を一つの市場として事業を行っていますし、その会社の中ではさまざまな国籍の人が働いています。グローバル企業の税金をどの国がどのように徴収するのかという問題も起きています。また、ブロックチェーンという技術をベースにした仮想通貨には国家という概念はありません。

知識はすぐに陳腐化しますから継続学習が重要な時代になります。また、重要な知識を獲得すれば勝者になれますから、これからの時代は上下の移動が激しいストレスの高い社会になっていきます。そういう社会になっていくと予想されるからこそ、ドラッカーは「知識労働者たる者は、若いうちに非競争的な生活とコミュニティをつくりあげておかなければならない[141]」と忠告するのです。

知識労働が主体になる時代は所得格差が拡がっていきます。肉体労働の時代はいくら仕事ができる人でも、その成果は普通の人の2倍か3倍といったところが限度だったでしょう。しかし、知識労働の場合は、仕事ができる人とそうでない人の差は10倍、１００倍といった違いになっていきます。

ドラッカーは「私はアメリカの経営者に対し、所得格差を20倍以上にするなと何度も言ってきた。これを超えると、憤りとしらけが蔓延する。私は１９３０年代に、あまりの不平等が絶望を招き、ファシズム全体主義に力を与えることを心配していた。残念なことに、心配は当たった。経営陣が大金を懐に入れつつ大量のレイオフを行うことは、社会的にも道義的

141　『ネクスト・ソサエティ』P・F・ドラッカー著、上田惇生訳、（ダイヤモンド社）

にも許されない」[142]と警告していましたが、強欲な人間が住む社会においては、今後ますます貧富の差が拡大していくことになるのでしょう。

ドラッカーは『断絶の時代』（ダイヤモンド社）の中で「１８５０年から70年にかけて、経済の中心は、石炭、蒸気、繊維、機械工業などの産業革命をもたらした産業から、鉄鋼、電力、有機化学、自動車などのいわゆる近代産業へと移行した。その１００年後の今日、ふたたび経済の重心は、新しい技術、科学、論理、世界観にもとづく新産業へと移行する。今度の新産業は労働力の種類を変える。肉体労働者ではなく、知識労働者を中心とする」[143]と言いました。

ドラッカーが50年も前にそう指摘してくれていたにもかかわらず、日本は変化できませんでした。平成元年の世界の企業の時価総額（＝発行済株式数×株価）ランキングのトップ50の中には、日本企業が32社入っていました。しかし、平成30年にはトヨタ自動車1社しか入っていません。平成30年のトップ5は、アップル、アマゾン、グーグル、マイクロソフト、フェイスブックです。平成という時代は、日本企業が著しく競争力を失った時代だったとも言えます。

しかし、ドラッカーは１９９３年に出版した『ポスト資本主義社会』（ダイヤモンド社）の序文で、日本は戦後40年間で世界に範を示した。日本の経済的成功と政治的安定がアメリカの経済力と軍事力と相まってソ連を終焉《しゅうえん》に導いたとした上で、次のように言ってくれるのです。「ポスト資本主義の時代が要求するものは、とくに日本に対して厳しいものとなる。（中略）成功を問題視することは、至難である。しかも、日本の成功はあまりに偉大である。（中略）これまでの成功をさらに磨きあげるのではなく、これからは、全く新しいことを行なわなければならない。それは心を躍らせる、刺激的かつ挑戦的な仕事である。しかし、つらい仕事である。（中略）私は、日本、とくに日本の企業と経済が、明治維新以降、近代社会の提起するあらゆる課題に応えてきたように、これからも新しい時代の新しい課題に応えていくことを確信している[144]」

日本は日本の過去の成功が偉大だったがゆえに変化に乗り遅れました。古いビジネスモデルから新しいビジネスモデルに移れませんでした。新しい令和の時代になり、私たち自身が変化できるかどうかが問われています。新しい時代の新しい価値を創造できるかどうかが問われているのです。

142 『ネクスト・ソサエティ』P・F・ドラッカー著、上田惇生訳、（ダイヤモンド社）
143 『断絶の時代』P・F・ドラッカー著、上田惇生訳、（ダイヤモンド社）
144 『ポスト資本主義社会』P・F・ドラッカー著、上田惇生＋佐々木実智男＋田代正美訳、（ダイヤモンド社）

（2）変化を機会としてとらえる

では、どうすれば新しい時代の新しい価値を創造することができるのでしょうか。キーワードは「変化の中に機会がある」「変化を機会として利用せよ」です。

産業と社会の大きな変化に直面し、将来に不安を感じている人も多いのではないかと思います。ドラッカーは次のように言います。「変化への抵抗の底にあるのは無知である。未知への不安である。しかし、変化は機会とみなすべきものである。変化を機会としてとらえたとき、初めて不安は消える[145]」

ドラッカーは1000件にのぼるイノベーションの事例を分析し、「成功したイノベーションのほとんどは、きわめて平凡である。それらは、変化を利用したにすぎない。したがって、企業家精神の知的基盤ともいうべきイノベーションのノウハウは、変化にかかわるノウハウである。すなわち、企業家に対して機会を提供する典型的な変化についての体系的な検討のノウハウである[146]」とした上で、次の7つの領域からイノベーションの機会を探せと言います。そして、これらの順番には意味があり、信頼性と確実性の高い順番に並べられています。

1．予期せざるもの

2. 調和せざるもの
3. プロセス・ニーズ
4. 産業と市場の構造変化
5. 人口構成の変化
6. 認識の変化
7. 新しい知識

しかし私は、最初に『イノベーションと企業家精神』を読んだとき、この7つの機会というのがすぐには納得できませんでした。なぜなら、少なくとも1番から3番は変化にはあまり関係ないように思えたからです。

例えば、2番の「調和せざるもの」とはギャップのことですが、ビジネスの世界では、知識の差、情報の差、生産コストの差など、ギャップがあるところにビジネスが生まれるとい

145 『マネジメント　課題、責任、実践』P・F・ドラッカー著、上田惇生訳、（ダイヤモンド社）
146 『イノベーションと企業家精神』P・F・ドラッカー著、小林宏治監訳、上田惇生＋佐々木実智男訳、（ダイヤモンド社）

うことは昔から言われてきたことであり、変化とはあまり関係ないことのように思われます。また、3番の「プロセス・ニーズ」も変化にはあまり関係なく、「必要は発明の母である」ということも昔から言われてきたことです。

当初はそのような認識でしたが、私のドラッカー経営学への理解が深まるにつれ、また現場でのコンサルティングの経験が増えていくにつれ、ドラッカーが示した7つの領域の意味合いが少しわかるようになってきたと感じています。

実は、1964年に出版された『創造する経営者』の中でドラッカーは、未来は知ることも予測することもできないとした上で、「せいぜい望みうることは、すでに発生してしまった事象の未来における影響を見通すだけである[147]」として、「すでに起こった未来」を見つけるために調べる領域として次の4つを挙げています。

1. 人口の変化
2. 知識
3. 他の産業、他の国、他の市場
4. 産業構造

本文を読めば、１番の「人口の変化」の中には余暇市場の急激な伸びなどについても触れられていますので、この中には人間の認識の変化も含めていいと思います。つまり、１９８５年に書かれた『イノベーションと企業家精神』で示されたイノベーションのための７つの領域のうちの４番から７番については、その約20年前の１９６４年に書かれた『創造する経営者』の中で同様の内容がすでに触れられているのです。

『創造する経営者』を書いてから約20年の間にドラッカーが何を考えたか。ここからは私の推測に過ぎませんが、ここにもドラッカーの人間の見立てである、「すべての人間は愚かで不完全である」という考え方が影響しているのではないかと思います。

つまり、普通の人間が、人口や知識や産業構造の大きな変化の中から、スパッと新しい事業やイノベーションを生み出すのは簡単ではない。実は、人口や知識や産業構造の大きな変化はすでに顧客の中に入り込み、それが顧客の事情と相まって顧客の中で新しい課題を生み出している。そのことを普通の人は知らない。人間は知らないことだらけなのだ。だからドラッカーは、顧客のところに行って、そのことに気付かせてもらいなさいと言っているのではないかと思うのです。

147　『創造する経営者』Ｐ・Ｆ・ドラッカー著、上田惇生訳、（ダイヤモンド社）

そうすれば、世の中でどんな変化が起こり、その変化を機会として利用するとはどういうことかがより具体的にわかり、イノベーションをより確実に起こすことができるようになると言ってくれているのではないかと思うのです。少なくとも、私が独立してから経験したのはそのようなことばかりでした。

(3) 変化が顧客の中に入り込み新しい機会を生み出している

1番目の「予期せざるもの」に関してドラッカーは次のように言います。「予期せざるものがイノベーションの機会であるということは、まさに予期せざるものが、通念や確信を打破してくれるからである[148]」

ある地方でドラッカー勉強会を開いたときに、田舎の電器店に雑貨を卸す仕事をしているという人と話をする機会がありました。私は「この会社はどんな雑貨を卸しているのだろう。そもそも田舎に電器店など残っているのだろうか」と思いました。

彼は「國貞さん、何もわかっていませんね〜。いま田舎に残っている電器店は大儲《おおもう》けしていますよ。田舎に住んでいるのはおじいちゃんおばあちゃんたちです。彼らは何かあったときにすぐに来てくれる人がいるのが助かるんです。田舎に残っている電器店はおじいちゃんおばあちゃんたちと信頼関係を築いています。切れた電球の付け替えをしてあげたりしています。だから、おじいちゃんおばあちゃんたちは田舎の電器店が薦めてくれるものを買うんです。スゴイ電器店は家まで売っていますよ」と言うのです。私にとっては、正に予期せざるもの、通念や確信を打破してくれるものでした。

ドラッカーは「予期せざるもの」に関して次のように言います。「予期せざる成功を受け入れることが困難である原因は、人間は誰しも、長期にわたって続いてきたものこそ、正常であり、永久に続くものであると考えてしまうところにある。（中略）予期せざる成功は、発見さえされないことが多い。誰も注意を払わず、したがって誰も知らず、誰も利用できない。その場合、意外なところから競争相手が現われ、利益をさらっていく。予期せざる成功は、（中略）消費者の価値観、期待、行動様式の基本的な変化を意味していた[149]」

そして次のように指摘してくれるのです。「予期せざる成功や失敗はすべて、イノベーションの機会として真剣に取り上げ、分析しなければならない。しかし、単に分析するだけでは不十分である。外に出かけていき、よく見、よく聞くことが必要にして不可欠である。

148　『イノベーションと企業家精神』Ｐ・Ｆ・ドラッカー著、小林宏治監訳、上田惇生＋佐々木実智男訳、（ダイヤモンド社）

149　『イノベーションと企業家精神』Ｐ・Ｆ・ドラッカー著、小林宏治監訳、上田惇生＋佐々木実智男訳、（ダイヤモンド社）

（中略）イノベーションとは、観念よりも知覚の活動である。（中略）『分析を行なえるほどにはまだわかっていない。だから調べよう。出かけていって、見て、質問して、聞いてくることにしよう』と言わなければならないということである[150]」ドラッカーがイノベーションを探す7つの領域の最初に「予期せざるもの」を持ってきたのは、正にこのことが言いたかったのだと思います。

新しい事業というものは、当初見込んでいた顧客とは違った顧客が現れて成功します。IBMは当初、科学技術計算用にコンピューターを売り出しましたが、実際には会計計算や在庫管理で使われることで拡がっていきました。また、電子レンジでチンしてすぐに食べられるパック入りのご飯を初めて世に出したサトウ食品は、当初は単身者向けにコンビニで商品を販売していました。しかし、この新しい商品に火がついたのは、夜遅くに突然帰ってきたご主人の食事用に便利だというような理由で、家庭の主婦が買うようになってからでした。人間はだれもが知らないことばかり。愚かで不完全な生き物なのです。

2番目の「調和せざるもの」に関しては、「需要との不調和」「通念との不調和」「消費者の価値観との不調和」などが説明されています。

これも地方でドラッカー勉強会を開いたときのことですが、給食用食材を提供しているという中小企業の社長さんがおられました。これも私は不思議でなりませんでした。なぜなら、大手の食材供給会社が出てきたら中小企業はコストでかなうはずがないと思ったからです。

その社長さんが言われるのは「給食用食材は地域によってニーズが全く異なる。その細かいニーズを拾い上げて対応するということは大手にはできないんですよ」ということでした。正に需要との不調和があるところにビジネスの機会がありました。

また別の地域でドラッカー勉強会を開いたときに、ゴルフ場のキャディさんを派遣しているという会社の人に出会いました。私はこれこそ解せませんでした。キャディさんというのは、ピンまでの距離やグリーンの傾斜が読めなければ話になりません。いろんなゴルフ場にキャディを派遣するといったスタイルで仕事になるわけがないと思いました。

その彼が言うことも田舎の電器店に雑貨を卸している人と同じでした。「國貞さん、わかっていませんね〜。今のゴルフ場は経営難でキャディさんをどんどん減らしている。しかし、いまだに接待ゴルフは多く、接待ゴルフにはキャディさんがいないと困る。ただ、接待ゴルフに来るようなお客さんは仕事ができる人ばかり。仕事ができる人は事情をすぐに理解してくれる。『私は派遣キャディです』と言われれば、彼女に距離もグリーンの読みも期待でき

150『イノベーションと企業家精神』Ｐ・Ｆ・ドラッカー著、小林宏治監訳、上田惇生＋佐々木実智男訳、（ダイヤモンド社）

ないのはすぐにわかる。それに、距離がわかってもその通りに打てるアマチュアゴルファーなどほとんどいない。そんなことより、気が利くキャディさんがクラブの出し入れなどをしてくれ、場を和ませてくれることがまず大切なんです」

言われてみれば確かにその通りです。そのときもまた、通念や確信を打破されると同時に、通念との不調和があるところでビジネスは生まれているんだなと思いました。

バルミューダという会社が2万円を超える値段のトースターを販売しています。今やトースターは2千円も出せば購入できます。私は「2万円を超すようなトースターをだれが買うのかな」と思っていました。しかし、実はその後私も購入しました。バルミューダのトースターで焼いたパンは、普通のトースターで焼いたものとは全く違います。

これこそ「消費者の価値観との不調和」というものだと思います。ほとんどのメーカーのトースター開発者は、2万円を超すようなトースターを買う人がいるとは思っていなかったのではないでしょうか。

3番目の「プロセス・ニーズ」に関して、ドラッカーは「ニーズ」の中でも「プロセス・ニーズ」に注目せよと言います。つまり、全体のプロセスの中で、ある1点が欠けているものに注目せよと。それを解決することが大きなイノベーションの機会につながると言います。

ドラッカーは、過去の印刷工程の中で、一つひとつの文字を拾い上げる植字の行程がボトルネックになっていた。それがタイプライターの発明によって解決されたというような古い事例で説明しています。ただ、前述した派遣キャディのビジネスも、見方を変えればこの「プロセス・ニーズ」の解決ということかもしれません。接待ゴルフのために、整備された綺麗《きれい》なゴルフコースがある、豪華なクラブハウスもある、美味しい食事も提供してくれる。欠けているのはキャディさんだけ、ということです。

ドラッカーが「イノベーションの機会の存在するこれら七つの領域は、截然と分かれているわけではない。重複する部分も多い[151]」と言っているのは、この派遣キャディさんのビジネスを、「調和せざるもの」の中の「通念との不調和」と見るのか、「プロセス・ニーズ」と見るのか、はたまた「予期せざるもの」と見るのかといったことなのかもしれません。

第2章で、自動車業界のＣＡＳＥという話をしました。Connected：コネクティッド化、Autonomous：自動運転化、Shared/Service：シェアー／サービス化、Electric：電動化の頭文字をとった言葉で、現在の自動車業界の大きな変化を表しています。

ただ、この自動車業界における大きな変化も、それぞれの自動車会社に入り込んでみれば

151　『イノベーションと企業家精神』Ｐ・Ｆ・ドラッカー著、小林宏治監訳、上田惇生＋佐々木実智男訳、（ダイヤモンド社）

それぞれに事情が違うのです。前述したように、電動自動車の開発に自前で取り組める会社とそうでない会社があります。また、自動運転化が進めば、自動車産業の核になる技術が、エンジンや足回りの技術から制御技術に変わっていきます。そのことで自動車メーカーと電機メーカーの覇権争いが始まっているところもあります。

社会や産業の大きな変化は、それぞれの顧客に入り込み、それぞれの顧客の事情と相まって新しい課題を生み出しています。その新しい課題こそが納入業者にとっての新しいビジネスの機会になるのです。

だからこそ、ドラッカーはイノベーションにおいてなすべきことは、「目を見開き、関心をもって、耳をそばだてることである[152]」と言うのです。「この点はいくら強調してもしすぎることがない。イノベーションに成功する者は、左右の大脳をともに駆使する。彼らは数字を見ると同時に、消費者にも目を向ける。彼らはどのようなイノベーションを起こせば、機会をとらえられるかを懸命になって分析する。そして次に、必ず顧客に目を向ける。顧客は何を期待しているのか、何を評価するのか、どのようなニーズをもっているのかを見きわめようとする[153]」という言葉を続けるのです。

ドラッカーは「イノベーションの戦略は、既存の事業の中で新しい製品を狙うよりも、新しい事業そのものを生み出すことを狙わなければならない。改善ではなく新たな能力を生み出さなければならない。すでにある価値観の満足度を高めるよりも、新たな価値観そのものを生み出さなければならない[154]」と言います。

しかし、イノベーションの機会を探す７つの領域のうちの「予期せざるもの」「調和せざるもの」「プロセス・ニーズ」が最初に来ている理由は、第２章でも述べたように「明日の事業をつくるための活動は、明日の事業は今日のそれとは異なるものでなければならないとの確信のうえになされる。だが、スタート地点は今日の事業である。明日の事業はひらめきによって得られるものではない。それは今日の仕事の分析によって得られる」ということなのです。

つまり、ひらめきに期待したり、未来を予測したりするのではなく、今日の現実の中から「すでに起こった未来を探せ」ということなのです。

152 『イノベーションと企業家精神』Ｐ・Ｆ・ドラッカー著、小林宏治監訳、上田惇生＋佐々木実智男訳、（ダイヤモンド社）
153 『イノベーションと企業家精神』Ｐ・Ｆ・ドラッカー著、小林宏治監訳、上田惇生＋佐々木実智男訳、（ダイヤモンド社）
154 『マネジメント　課題、責任、実践』Ｐ・Ｆ・ドラッカー著、上田惇生訳、（ダイヤモンド社）

（4）変化の中にイノベーションの機会がある

イノベーションの機会を探す領域の4番から7番についても簡単に説明しておきます。4番目の「産業と市場の構造変化」についてはいろんなことが起こっています。高速通信技術を伴うインターネット環境の進化、インターネット販売の増大、サービス産業の増大、女性の社会進出、労働時間の短縮、外国人旅行客の増大など数え上げたらきりがありません。ドラッカーはこの「産業と市場の構造変化」には必ず大きなイノベーションの機会があると言います。

5番目の「人口構成の変化」は唯一明瞭《めいりょう》に将来が予測できるものです。少子高齢化、人口減少、晩婚化、単身世帯の増加、外国人労働者の増加などです。ここにもイノベーションの機会がありそうです。

6番目の「認識の変化」とは、人のものの見方の変化ということです。ドラッカーは1950年代初期のアメリカで、「中流階級」というものの認識が、「『中流階級』とは、自分たちの子供が学校の成績次第で出世していけると信じきれる人たちのこと[155]」という認識に変わったと言います。そして、ある米国のビジネスマンがそれに気付き、百科事典の会社を買収し、家族の中から初めて子供を高校に進学させられるようになった家庭向けに百科事典を売りさばいて成功し、その後日本でもその戦略で成功したという事例を紹介しています。この事例を読み、私の田舎の家にも子供のころ百科事典が並べてあったことを思いだしました。

　認識の変化ということでは、今後物質的な豊かさより精神的な豊かさを求める人がさらに増えていくでしょうし、ライフスタイルも多様化していくでしょう。ここにもイノベーションの機会がありそうですが、この認識の変化に関しては、それが一過性なのか恒久的なのか、タイミングが重要であるとドラッカーは言います。

　7番目の「新しい知識」に関してドラッカーは、新しい技術を使ったイノベーションこそがイノベーションの王道だと言います。ただ同時に、新しい技術を使ったイノベーションはリードタイムが極めて長いし、一般的には各種の異なる知識を合体させた結果生じると指摘しています。例えば、ディーゼルエンジンが開発されてそれが実用化されるまでに約40年かかり、ライト兄弟の飛行機はガソリンエンジンと空気力学という知識が一緒になって実現したと言います。

155　『イノベーションと企業家精神』P・F・ドラッカー著、小林宏治監訳、上田惇生＋佐々木実智男訳、（ダイヤモンド社）

（5）イノベーションの条件

これらイノベーションの機会を探す7つの領域を指摘した上で、ドラッカーはイノベーションには次の3つの条件（conditions）があると言います。

1. Innovation is work.
（イノベーションは仕事である）
2. To succeed, innovators must build on their strengths.
（成功するために、イノベーターは強みを基盤としなければならない）
3. And finally, innovation is an effect in economy and society.
（そして最後に、イノベーションは経済と社会への影響である）

（ちなみに、『イノベーションと企業家精神』と新訳である『【エッセンシャル版】イノベーションと企業家精神』（ダイヤモンド社）とは訳し方が異なりますので、ここでは原書の文章[156]と私の訳文を掲載しました）

この3つの条件についてドラッカーが言っていることは、イノベーションを起こそうと思っている人や組織が肝に銘じておかなければならない点だと思います。

1番目の「イノベーションは仕事である」には次のように書かれています。「イノベーションには、他の仕事と同じように才能や素地が必要である。だがイノベーションとは、あくまでも意識的かつ集中的な仕事（hard, focused, purposeful work）である。勤勉さ（diligence）と持続性（persistence）、それに献身（commitment）を必要とする。これらがなければ、いかなる知識も創造性も才能も無駄となる[157]」

私は、“commitment”という単語が仕事の場面で使われる場合は、「覚悟」と訳した方が日本人にはフィットすると常々思ってきました。イノベーションの条件としての“diligence”、“persistence”、“commitment”は、「イノベーションには、不断の努力、粘り強さ、そして覚悟を必要とする」と訳した方が私にはフィット感があります。「これらがなければ、いかなる知識も創造性も才能も無駄となる」正にドラッカーの言う通りです。イノベーションや新しい事業はたやすく生まれるものではないと思うのです。

ドラッカーは次のようにも言います。「未来に何かを起こさせるには、勇気（courage）を必要とする。努力（work）を必要とする。信念（faith）を必要とする[158]」

156　Peter F. Drucker “Innovation and Entrepreneurship” Harper & Row Publishers
157　『【エッセンシャル版】イノベーションと企業家精神』P・F・ドラッカー著、上田惇生訳、（ダイヤモンド社）

イノベーションを起こしたり新しい事業を興したりするのは大変な仕事です。一流の人間をその仕事にあてなければなりません。会社の中で一番優秀な人間にそれを任せなければなりません。イノベーションはある意味では現在の仕事と同じです。現在の仕事で大きな成果を出せないような人がイノベーションを起こせるはずがないのです。

ドラッカーは次のように言います。「第一級の人材は常に、最も大きな機会、すなわち、最も大きな見返りのある領域に割り当てなければならない[159]」ただし、会社の第一級の人材をあてたからといって、イノベーションや新しい事業が可能になる保証はどこにもありません。しかし、第一級の人材をあてない限り、イノベーションも新しい事業も期待はできないのです。

2番目の「イノベーターは強みを基盤としなければならない」には次のように書かれています。「イノベーションほど、自らの強みを基盤とすることが重要なものはない。イノベーションにおいては、知識と能力の果たす役割が大きく、しかもリスクが伴うからである。イノベーションには相性も必要である。何事もその価値を心底信じていなければ成功しない。(中略)イノベーションの機会は、イノベーションを行おうとする者と体質が合っていなければならない。重要であって意味がなければならない。さもなければ、忍耐強さを必要とし、かつ欲求不満を伴うイノベーションの仕事はできない[160]」

この「強みを基盤とせよ」つまり、「強みを活《い》かせ」というのはドラッカーの一貫した考え方ですが、特にイノベーションにおいて重要です。ドラッカーが言うイノベーションの方法論を簡単に言えば「変化を機会とみなし、そこに強みをぶつけろ」ということだと私は理解しています。

３番目の「イノベーションは経済と社会への影響である」ということが意味することは何か。イノベーションが経済と社会への影響であるということはすなわち、「イノベーションとは市場の近くにおいて、市場に焦点を合わせて、市場の刺激をうけて行われるべきものである[161]」ということなのです。

イノベーションを起こしたり新しい事業を興したりする仕事は、現状の仕事を維持するよりはるかに難しい仕事です。そのためには、現在の仕事で大きな成果をあげている一流の人

158　『創造する経営者』Ｐ・Ｆ・ドラッカー著、上田惇生訳、（ダイヤモンド社）
159　『創造する経営者』Ｐ・Ｆ・ドラッカー著、上田惇生訳、（ダイヤモンド社）
160　『【エッセンシャル版】イノベーションと企業家精神』Ｐ・Ｆ・ドラッカー著、上田惇生訳、（ダイヤモンド社）
161　『イノベーションと企業家精神』Ｐ・Ｆ・ドラッカー著、小林宏治監訳、上田惇生＋佐々木実智男訳、（ダイヤモンド社）

間が、市場に焦点を合わせ、自分と会社の強みを活かして行うしかないのです。

(6)イノベーションを成功させるための重要なカギ

イノベーションにおける3つの条件に加えて、イノベーションを成功させるためには、もう2つほど重要なことをお伝えしておかなければなりません。

一つ目は、イノベーションを行う組織は、既存事業の組織とは切り離しておかなければならないということです。ドラッカーは次のように言います。「イノベーションのための組織は、既存事業のマネジメントを行う組織とは切り離しておかなければならない[162]」「新しいものの創造への取組みと、既存のものの面倒は、同時には行えない。(中略)イノベーションのための仕事は、新しいものを専門とする独立した部門に任せなければならない[163]」

読者のみなさんはここで少し混乱されたかもしれません。私は第1章の「図1―1 ドラッカー経営学における事業の概念図」を説明した際に、「会社の中にマーケティング部やイノベーション部といった組織を作ればいいという話ではないのです」と言いました。マーケティングとイノベーションは企業の2つの基本機能であり、だれか特別な人だけが行うのではなく、全社員がイノベーションに取り組まなければなりません。ただ、ここでいう独立した部門として行うイノベーションとは、新しい事業を始めるようなイノベーションのことを言っています。新しい事業を始める部門は、既存の事業の面倒を見る部門とは切り離しておかなければならないのです。

イノベーションを成功させるために重要な点の二つ目は、明日を創るためには昨日を捨てなければならないということです。ドラッカーは次のように言います。「イノベーションの戦略において第一に重要なことは、古いもの、死につつあるもの、陳腐化したものを計画的かつ体系的に捨てることである。イノベーションを行う組織は、昨日を守るために時間と資源を使わない。昨日を捨ててこそ、資源、特に人材という貴重な資源を新しいもののために解放できる[164]」「イノベーションに優れた企業は、（中略）古いもの、陳腐化したもの、もはや生産的でないものを組織的に廃棄する仕組みをつくっている。（中略）人間のつくったものはみな、遅かれ早かれ、通常は早いうちに、陳腐化してしまうことを知っている。そして競争相手に陳腐化させられるのを待たずに、自ら陳腐化させ廃棄してしまうことを選ぶ[165]」

162 『断絶の時代』Ｐ・Ｆ・ドラッカー著、上田惇生訳、（ダイヤモンド社）
163 『マネジメント　課題、責任、実践』Ｐ・Ｆ・ドラッカー著、上田惇生訳、（ダイヤモンド社）
164 『マネジメント　課題、責任、実践』Ｐ・Ｆ・ドラッカー著、上田惇生訳、（ダイヤモンド社）
165 『マネジメント・フロンティア』Ｐ・Ｆ・ドラッカー著、上田惇生＋佐々木実智男訳、（ダイヤモンド社）

何か新しい機会が見えてきたら既存のものを捨てようというような根性では、いつまでたっても新しい機会はつかめません。それは、何か新しいビジネスのネタが発見できたら退職しようと思っているサラリーマンの人がいつまでたっても退職できないのと同じです。新しいことは、捨てることから始まるのです。

イノベーションを成功させるための重要なカギの説明の最後に、ドラッカーの次の3つの言葉をご紹介しておきたいと思います。

1. 「変化をマネジメントする最善の方法は、自ら変化をつくりだすことである[166]」
2. 「未来は明日つくるものではない。今日つくるものである。主として、今日の仕事との関係のもとに行う意思決定と、行動によって、今日つくらなければならない[167]」
3. 「成功への道は、自らの手で未来をつくることによってのみ開ける。（中略）自ら未来をつくることにはリスクが伴う。しかしながら、自ら未来をつくろうとしないほうが、リスクは大きい[168]」

（7）V字回復した第九の理由（イノベーションを事業経営の中心に据えた）

A社ではドラッカー経営学が入ってくる前からいくつかの大きなイノベーションが起こっ

ていました。その要因はドラッカーのイノベーションの機会を探す7つの領域に驚くほど合致しています。

第2章で私は、「A社は２０００年代の初頭に売上高がピーク時の半分以下になり、総人件費の3倍に及ぶ営業赤字を出していました。そのころA社はもがいていたようです。いろんなことを試しては失敗するということの連続だったようです。そのころたまたまある商品が、想定していた顧客層とは違う顧客層に支持されました。その商品の販売を伸ばすために、他社がやらない面倒で大変な仕事を愚直にやり、結果的にその商品がその後A社の屋台骨を支える主力商品となり、その商品の特徴が現在の事業の定義につながっていったのです」と言いました。

これは正に「予期せざるもの」であり「プロセス・ニーズ」でした。その商品が想定していた顧客層とは違う顧客層に支持された理由も、実は大きな人口構成の変化があり、それがもたらした産業構造の変化がその裏にはありました。

また、その商品自体は昔から他の会社も類似商品を販売していましたが、取付けが面倒だ

166　『ネクスト・ソサエティ』Ｐ・Ｆ・ドラッカー著、上田惇生訳、（ダイヤモンド社）
167　『創造する経営者』Ｐ・Ｆ・ドラッカー著、上田惇生訳、（ダイヤモンド社）
168　『明日を支配するもの』Ｐ・Ｆ・ドラッカー著、上田惇生訳、（ダイヤモンド社）

という問題があり、市場が拡がっていませんでした。その問題を解決し市場を拡大させたのがA社でした。それはやはり、第2章で述べた、「面倒なことと大変なことを愚直にやり抜く」というA社の強みを活かしたものでした。

このように、A社ではドラッカー経営学が入り込む前からいくつかのイノベーションが起こっていました。しかし、A社にドラッカー経営学が入ってからA社が一番変わったことは、このイノベーションの実践ということを事業経営の中心に据えたことでした。

顧客が起点だとか、マーケティングだとか、顧客の絞り込みだとかといったことは、A社にドラッカー経営学が入り込む前からA社の元社長であったIさんがすでに実践していました。ドラッカー経営学が入り込むことによってそれらの考え方が全社に徹底されていっただけです。

ただ、イノベーションは違います。私がA社に係《かかわ》るようになる前にIさんが作っていた方針書には「イノベーション」という言葉は見当たりません。ドラッカー経営学がA社に入り込んでから、方針書の中に、本書の44ページの図1—2が示されただけでなく、「イノベーションは仕事だ。事業だ」というキャッチフレーズと共にイノベーションを事業経営の中心に据えることが明確にされたのです。

そして、第1章で述べたように、A社では、“More & Better”から“New & Difference”

まで、つまり改良・改善からイノベーションまでをすべてイノベーションととらえて、「今までにない新しいことを創造すること自体が日々の仕事である」としてイノベーションへの取り組みが始まったのです。

Ａ社では年に2回、イノベーション大会と称して、日々のイノベーションの活動と実績を発表する全社員集会が開かれています。そこでは、新規流通網の開拓やサプライチェーンの見直しによる大幅なコストダウンなど、素晴らしい活動事例が発表されます。第３章の図３―1で紹介した電話対応の抜本的なプロセス変更もこのイノベーション活動の一環として出てきたものです。

私はこのイノベーション大会にコメンテーターとして参加させていただいていたのですが、イノベーションの方針が明確になり、そのことの価値を認識すれば、従業員はこれほどまでに情熱をもって知恵を絞るようになってくれるものかと思いました。従業員の方も、イノベーションが仕事になることによって、仕事にやりがいを見いだし、より主体的に仕事をするようになってくれたことは繰り返し説明するまでもありません。

Ａ社の開発部隊は、開発部隊こそがイノベーション活動の本丸だと言わんばかりに、自らの製品は自らが陳腐化させていくという方針で、常に新しい製品を生み出し続けました。

Ａ社では毎年1回、次の年度の方針を議論するために、Ａ社の幹部社員が集まって合宿会議を開きます。私は、ある年の合宿会議の場で、「今日みなさんが議論していた来年度の方針は物足りない。このように優秀な幹部が集まっているのに、ほとんどの内容が想定内だ。イノベーションが全くない。今は企業より顧客の方が多くの情報を持つ時代になった。だから顧客に近いところでビジネスを行っているアマゾンやヤマダ電機といった会社が絶大な力を持っている。A社は販売会社であるというのに、いまだに販売店や流通網を使って間接販売をしている。直販という道を摸索する必要はないのか」とコメントしたことがありました。

そこからのA社の動きは驚異的でした。1ヵ月後には営業現場から一番優秀な人間を引きはがして、A社グループで初めて行うネット直販部隊を立ち上げ、その4ヵ月後には実際にネット直販をスタートさせたのです。ネット販売というシステムの構築だけでなく、既存の流通網との価格交渉、A社グループ内で初めての直販ビジネスということで、定款の変更から新しい経理処理方法の導入まで、社内外でさまざまな業務が山のように出てきたのは想像に難くありません。それを数ヵ月でやり遂げたのです。

Iさんは社長就任前から、社内で一番優秀な人間を新しい事業の開拓に当たらせるということを実践しておられました。正にドラッカーが言う通りのことを実践していたのです。

A社は販売会社ですが、15年くらい前から独自に製品開発をする部隊を社内に立ち上げました。A社は販売会社ですから社内にエンジニアはいません。Iさんは社内で一番優秀な30歳そこそこの人間を何名か集め、彼らに独自の製品開発を担わせました。当初この部隊は素人の手さぐり状態だったようですが、しだいに独自性のある製品開発ができる部隊に育っていきました。今やこの部隊の人員は60名を超える規模になっています。

私はこれまで、優秀な技術者が途中から営業に移る例は沢山見てきましたが、営業マンが途中から技術者になった例はこのA社でしか見たことがありません。ちなみに、30歳そこそこでこの部隊のリーダーに抜擢《ばってき》された人は、40歳代前半でA社の取締役になり、40歳代中盤になった現在は、A社の親会社の海外事業ユニットの責任者にまでなっています。事業経営の基本と原則を知り尽くし、それをベースにして実績を積み上げた人は向かうところ敵なしです。

A社はその後も事業自体を大きく変化させつつあります。具体的な内容はここでは書けませんが、第2章で説明したホテル事業を使って、A社の事業変革のニュアンスをお伝えしたいと思います。

第2章では、子育て家族に特化したホテルの事例を使いました。このホテルの業績は絶好調でしたが、海外から子育て家族をメインターゲットにした大手ホテルチェーンが日本市場に参入してくるという情報を入手していました。海外の同種の大手ホテルチェーンが日本市場に参入してくると売上が減ってくることが予想されました。

このホテルは足元の業績が絶好調であるにもかかわらず、既存のホテル事業に加えて、子育て家族向けの旅館経営や子育て家族向けのキャンプ場経営に乗り出すことを決めました。さらには、子育て家族向けのホテルや旅館やレジャー施設に特化した予約サイトの立ち上げも行いました。もちろん今回も、これらの新しい事業の立ち上げのために、現場で最も優秀なスタッフを何人か引きはがしました。

このホテルでは長年に渡って「子育て家族」を対象にマーケティングとイノベーションを行ってきましたから、「子育て家族」を対象にしたマーケティングとイノベーションはすでにこの会社の大きな強みになっていました。この強みを活かして新しい事業領域へ展開していったのです。

そして、これらの新しい事業をスタートするにあたって行ったのが、現状のビジネスの見直しです。業績の回復が全く見込めないホテルをいくつか閉鎖しました。また、業績が厳しいいくつかのホテルは、顧客のセルフサービスを極端に増やす新形態のホテルに変え、人員とコストを極端に減らしていきました。

A社の事例と全く同じというわけではありませんが、このようにしてA社は、変化を機会とみなし、変化を先取りし、変化を自らが作り出すことによって、現状のビジネスが絶好調の時期にA社の事業自体を変えていく摸索をしているのです。

「われわれの事業は何か」という問いに関して、第2章で説明したドラッカーの言葉を再掲しておきます。「事業が成功しているときにこそ、この問いを発し、十二分に検討することが必要である。なぜならば、この問いを怠るとき、ただちに事業の急速な衰退がやって来るからである」

〈コラム⑥〉イノベーションのための「顧客起点の理想形」という考え方

ドラッカーは何冊かの本でイノベーションについて書いています。『断絶の時代』（ダイヤモンド社）では「イノベーションの組織」について、『マネジメント・フロンティア』（ダイヤモンド社）では「イノベーションのための経営」について、『マネジメント　課題、責任、実践』（ダイヤモンド社）では「イノベーションのマネジメント」について書いています。

これらの本で一貫しているのは、アイデアの重要性です。ドラッカーは「イノベーションに優れた企業は、アイデアからイノベーションが生まれることを知っている[169]」「既存事業をマネジメントする組織では判断が主たる仕事となるが、イノベーションのための組織では、アイデアの奨励が主たる仕事となる[170]」と述べています。

しかし、1985年に出版された『イノベーションと企業家精神』から、アイデアに関する取扱いが激変しました。それはドラッカーがアイデアに関して言ってきた「アイデアの死亡率は蛙の卵なみである[171]」「イノベーションのためのアイデアは、数千個のうちに一つか二つしか育たない蛙の卵に似ている[172]」という理由によるものです。

ドラッカーは、『イノベーションと企業家精神』において、「企業家たるものは、いかに成功物語に心動かされようとも、『(素晴らしい)アイデア』にもとづくイノベーションには手を染めないほうが賢明である[173]」としています(ちなみに、日本語の翻訳本である『イノベーションと企業家精神』の中で、「アイデア」と「」付きで書かれているところは、原書では"bright idea"ですので、本書では(素晴らしい)を付け加えて、「(素晴らしい)アイデア」としています)。

実は、ドラッカーは素晴らしいアイデアに基づくイノベーションを高く評価しています。ドラッカーは「『(素晴らしい)アイデア』にもとづくイノベーションはきわめて数が多く、他の種のイノベーションを全部合わせたものよりも多い。例えば、

10の特許のうち七つか八つは、この種のものである。（中略）その価値はきわめて高い。しかもそれは、社会にとって最も必要な資質、つまり行動力、野心、創意工夫の健在ぶりを示すものである[174]」と言っています。

しかしながら、ドラッカーは同時に次のようにも言うのです。「『（素晴らしい）アイデア』は、イノベーションの種としては最もリスクが大きく、成功する確率が最も低い。悲惨な失敗に終わることもきわめて多い。『（素晴らしい）アイデア』にも

169　『マネジメント・フロンティア』Ｐ・Ｆ・ドラッカー著、上田惇生＋佐々木実智男訳、（ダイヤモンド社）
170　『断絶の時代』Ｐ・Ｆ・ドラッカー著、上田惇生訳、（ダイヤモンド社）
171　『断絶の時代』Ｐ・Ｆ・ドラッカー著、上田惇生訳、（ダイヤモンド社）
172　『マネジメント・フロンティア』Ｐ・Ｆ・ドラッカー著、上田惇生＋佐々木実智男訳、（ダイヤモンド社）
173　『イノベーションと企業家精神』Ｐ・Ｆ・ドラッカー著、小林宏治監訳、上田惇生＋佐々木実智男訳、（ダイヤモンド社）
174　『イノベーションと企業家精神』Ｐ・Ｆ・ドラッカー著、小林宏治監訳、上田惇生＋佐々木実智男訳、（ダイヤモンド社）

とづくイノベーションによって特許を取得しても、その開発費、特許料に見合うだけの収入が得られることは、100に一つもない。使った費用を上回る金を稼げるのは、おそらく500に一つくらいのものである。（中略）また、『（素晴らしい）アイデア』にもとづくイノベーションに成功した人物を取り上げて、いかなる個性、行動様式、性癖が成功をもたらしたかを明らかにしようという試みも、うまくいっていない[175]」

そうだからこそ、7つの領域からイノベーションの機会を探すことに注力しろとドラッカーは言うのです。その方が信頼性と確実性がはるかに高いと。多くのイノベーションが「（素晴らしい）アイデア」から生まれているのは事実です。しかし、それができるのは類稀《たぐいまれ》な人であり、それはなかなかマネできるものではないのです。ただ、私の身近には「（素晴らしい）アイデア」からイノベーションを生み出せる類稀な人がいます。イベント企画会社の社長さん（以降、Nさんと呼ぶことにします）です。

セブン-イレブンのなつかしいキャッチコピーは「セブン-イレブンいい気分」ですが、セブン-イレブンが開業したころ、子供たちは店内の効率的な陳列棚が無機質で非人間的と感じたのか、「セブン-イレブン悪い気分」と揶揄《やゆ》していたようです。その後、セブン-イレブンはおでんをレジ横のカウンターで販売するようになってお店の雰囲気はずいぶんと変わりました。実は、あのおでんの販売を「季節感戦略」としてセブン-イレブンに提案したのがNさんでした。

Nさんは創業社長ですが、すでに70歳代中盤を過ぎています。Nさんから自分の発想法やノウハウを次の世代に引き継ぐ方法を一緒に研究してほしいと頼まれ、お手伝いしたことがありました。

そのお手伝いを通して、Nさんが素晴らしいアイデアを生み出すキーワードは、「顧客に対する愛情と心配」及び「理想形を想像する」の2つだと思いました。2つ共Nさんの言葉です。私は、この2つはNさんだけでなく、類稀なる人たちが素晴らしいアイデアを生み出す共通の要素なのではないかと思います。

A社の社長であったIさんも、彼の素晴らしいアイデアをベースにして、イノベーティブな製品を数多く世に出しました。彼も顧客を起点にして、四六時中顧客のことを考えていましたし、いつもものごとの理想形から考えるのが彼の特徴でした。

アップルのスティーブ・ジョブズ氏は、今までにない新しい機能やサービスを持

175　『イノベーションと企業家精神』P・F・ドラッカー著、小林宏治監訳、上田惇生＋佐々木実智男訳、（ダイヤモンド社）

った商品を数多く世に出しましたが、彼の後ろにはＩＤＥＯという名前の、デザイン・コンサルティング会社がありました。コンピューターにプロダクト・デザインの考え方を導入したのはスティーブ・ジョブズ氏ですが、コンピューターのプロダクト・デザイン自体は、ＩＤＥＯの前身の会社のあるデザイナーによるものでした。その彼は「デザイナーはコンピューターを使うユーザーの代弁者としてデザインを行う必要がある」と考えていたようです。やはり、今までにない新しい機能やサービスのベースになるのは、「顧客に対する愛情と心配」なのだと思います。

ドラッカーが書いた『創造する経営者』の「第11章　未来を今日築く」の中に「構想の力」という小見出しがあります。原文は"The Power of an Idea"です。本文を読むと、この"The Power of an Idea"というのは「広い視野で理想形を想像する力」のことだと感じます。

ドラッカーは次のように言います。「未来において何かを起こすためには、新しいことを行わなければならない。（中略）『事業の未来として、これが起こるべきことだ。それを起こすために働こう』と進んで言わなければならない。（中略）今日のイノベーションの議論において、意味なく強調されている創造性なるものは、問題の鍵ではない。すでに企業だけでなく、あらゆる組織体に、構想は利用しうる以上に存在している。通常、欠落しているのは、製品を超えて構想するということである。製品やプロセスは、構想を実現するための道具にすぎない[176]」

スティーブ・ジョブズ氏が考えていたのは、スマホの新しい機能などということではなかったと思います。小型の情報端末がもたらす世界の理想形を、広い視野で思い描いていたのだと思います。

ドラッカーの言葉の「通常、欠落しているのは、製品を超えて構想するということである」というのは、原書では〝What is lacking, as a rule, is the willingness to look beyond products to ideas.〟です。つまり、未来において新しい何かを起こすには、製品を超えて理想形を想像しようとする気持ちが必要なのだということです。

ドラッカーは、「素晴らしいアイデア」には手を染めるなと言いますが、「顧客に対する愛情と心配」及び「理想形を想像する」の2つは、類稀なる人たちが「素晴らしいアイデア」を考え出すカギなのではないかと感じています。

176 『創造する経営者』P・F・ドラッカー著、上田惇生訳、（ダイヤモンド社）

第7章　ドラッカー経営学をどのように理解し実践すればいいのか？

（1）A社にはドラッカー経営学が実践される土台があった

これまでの第1章から第6章までで、ドラッカー経営学の基本的な考え方とA社での実践事例について説明してきました。読者のみなさんの中には、自分の会社でもドラッカー経営学を実践してみたいと思った人もおられるのではないでしょうか。

現在の私は新規のお客様への対応が難しい状況ですので、ドラッカー経営学を自分の会社で実践してみたいと思った方は、この本を使ってご自身の会社で実践にまで踏み込んでいってください。そのような方のために、A社での実践事例についてもう少し詳しく説明しておきたいと思います。

A社での実践事例を詳しく説明する前に、ドラッカー経営学の導入が始まった時点のA社の状況を説明しておきます。実はA社にはドラッカー経営学が実践される土台が整っていました。

すでに説明した通り、A社は日本の大手メーカーの国内販売部門が独立してできた営業会社で、売上至上主義の経営が長い間行われてきました。しかし、Iさんが A社の社長になってから、経営の基軸が売上至上主義から顧客起点主義に大転換していました。

経営の基軸が顧客起点主義に変わっていただけでなく、Ａ社ではすでに、マーケティングを事業の根幹にすること、一人ひとりの顧客に焦点を当てること、市場を絞り込み他社にない特徴を創り出すこと、人と組織の成長を第一に考えること、個性を活《い》かすことなどといったことが行われていました。Ａ社におけるこれらの実践は、ドラッカー経営学の考え方と基本的に同じものでした。

Ａ社にはＩさんが作った方針書があり、その方針書には右記のような内容が従業員にわかりやすい形で書かれていました。さらに、Ｉさんの社長としての強烈はリーダーシップがありました。社風は上意下達の体育会系。会社の方針が会社の隅々まで行きわたるという土壌がありました。

また、Ａ社には国内販売会社として独立する前から脈々と続く創業者精神、つまり新しいことを創《はじ》めようとする文化がありました。同時に、赤字が長い間続いたこともあり、徹底的な数値管理の仕組みがありました。加えて、苦しい状況の中でも売上目標を達成しようとする文化、つまり仕事をやり抜こうとする文化がありました。

さらには、ツリー構造で組織目標を個人目標に落とし込む仕組みができあがっていました。そして、その目標管理制度は人材育成を第一に考えて運営されていました。加えて、個性を活かした適材適所の経営がなされると同時に、最高の人材を新しいことに当たらせるという方針と伝統がありました。そして、忘れてはならないのは、A社には素直な人が沢山いたということです。

(2) A社はドラッカー経営学をどのように浸透させていったか

私がA社に係《かかわ》り出してまず行ったことは、A社の全社員集会での1時間程度のドラッカー経営学に関する講演と、マネジャーを対象にしたマネジメント教育でした。これで何かが変わったということはなく、これらのイベントはIさんがこれからドラッカー経営学を本格的に導入していくことを従業員に知らせるためのセレモニーのようなものでした。

私がA社に係り出した後、Iさんは方針書の改訂版を作られました。そこには「右手に方針書、左手にドラッカー」と明記され、今後ドラッカー経営学を経営の中心に据えていくことが明確にされました。

そして、全従業員にドラッカー経営学を血肉にしていくことを課し、毎朝就業前に10分程度『究極のドラッカー』を読むことを義務付けました。血肉にするとは、何も考えなくても自然と体が動くようになるまで自分のものにしていくということです。

毎朝10分程度の読書ではありますが、それが毎日5年間も続けられるとどうなるか。私がA社に係りだして何年か経ったときのドラッカー研修で、私が独り言のように「『究極のドラッカー』のどこかに、『投入した資源より大きなものを作り出せるのは人間の精神だけだ』というようなことを書いたと思うんだけど」と言うと、受講生の一人が『究極のドラッカー』をペラペラとめくって「それは１８７ページの後半にあります」と即座に反応してくれました。同じ本を5年も毎日読み続けると、著者よりその中身をよく把握しているレベルにまでなるのです。

彼らの持っている『究極のドラッカー』は手垢《てあか》がついて黒くなり、沢山の付箋《ふせん》が貼りつけられて分厚くなっていました。本の中にはラインマーカーで沢山の線が引かれていました。

私は自分の人生の中で1冊の本を何十回と読んだ経験はありません。しかし、本を血肉にするまで読むとはこういうことかと思いました。ドラッカーは「『達成』とは積み重ねである[177]」と言います。原書の表現は“Achievement is addictive.[178]”です。“addictive”とは「中毒になる」「病みつきになる」「夢中になる」といった意味の言葉です。考えてみれば、何かを成し遂げた一流の人というのは、そのことに夢中になっている人だと思います。

ある年の正月明けの経営会議の場で、A社のある役員さんが「今年社員からもらった年賀

177　『ポスト資本主義社会』Ｐ・Ｆ・ドラッカー著、上田惇生＋佐々木実智男＋田代正美訳、（ダイヤモンド社）

178　Peter F. Drucker “Post-Capitalist Society” Harper Business

状には『貢献したい』とか『責任を果たしたい』とかといった言葉が沢山書かれていた。今までの年賀状ではこんな言葉は見たことがなかった」と言われました。ドラッカー経営学が浸透し始めた証《あかし》でした。

A社の各部門では『究極のドラッカー』を毎朝読むだけではなく、彼ら自身で部門毎に「ドラッカー勉強会」なるものを開くようになりました。方法は部門毎にさまざまでした。『究極のドラッカー』の自分が気になる章を読んで感想を発表するといった部門がありました。はたまた、『究極のドラッカー』の重要ポイントだと思うところを、現場で実践してその結果を報告しあうというような部門もありました。

一人ひとりの従業員がドラッカー経営学を通して仕事の基本と原則を理解し、それを自分の仕事の現場で実践する。その実践事例を部門で共有し、良いと思ったことは他の人も同じように実践していく。このようにしてドラッカー経営学はA社に急速に浸透していきました。

私も半期毎にA社の各部門を回ってドラッカー研修を実施しました。本社はマーケティング部門や開発部門などいくつかの部門に分かれていました。さらに全国は8つのエリアに分けられ各地区に営業拠点がありました。初めのころはドラッカー経営学の全体像と基本的な考え方を解説して、その後皆と一緒に議論して質疑応答を行うといった感じの勉強会でしたが、年が進むにつれ「生産性」「イノベーション」「強み発見」などテーマを絞って実施するようになっていきました。

私がドラッカー勉強会を実施する際は、必ず『究極のドラッカー』に関するA4サイズ1枚の読書レポートを書いてもらいました。私がA社と係りをもった5年間に、私に提出してもらった読書レポートだけで十数回に及びました。読書レポートには書く人の、知性・考え方・性格・そのときの心情など、その人のすべてが表れます。読書レポートを使ってのやりとりも効果的でした。A社の社長であったIさんは、私に提出された全従業員からの読書レポートを毎回すべて読んでくれていました。

一人ひとりの従業員がドラッカー経営学を理解し、仕事の基本と原則が身についていけば、日々の行動が変わっていきます。すべての活動が、顧客を起点に行われるようになります。それぞれの人の仕事の中に随所に知恵と工夫が生まれるようになります。そして、それが全社のイノベーション大会といった仕組みと一体となってさらに強化されていき、会社の文化と言えるほどにまでなっていったのです。

しかし、私のドラッカー研修がいかほどの効果があったかはかなり疑問があります。彼らは毎日『究極のドラッカー』を読んでいましたから、私がドラッカー研修を行うまでもなく、彼らはすでにドラッカー経営学をかなり理解していました。研修があまり役に立っていないと感じた私は、その罪滅ぼしの気持ちで「ドラッカーコラム」なるものを書き始めました。

ちょうどA社に係り始めてから1年半が過ぎたころでした。その後約100本の「ドラッカーコラム」を書きました。

「ドラッカーコラム」はAサイズの用紙に1枚から2枚程度、文字数にして1500字から2000字程度のものでした。内容は、A社の社長であったIさんが経営会議で幹部社員に指導した内容を、ドラッカー経営学の考え方を使って翻訳し、全社員に伝えるようなものが主でした。また、私もドラッカー研修などでA社の現場に伺い、A社の仕事のいろんな事例を見聞きしていましたから、A社の事例を使いながらドラッカー経営学の要点を解説するような内容のものも沢山ありました。

そのころのIさんは、ドラッカー経営学に接して、彼自身が行ってきた経営が間違いないものだとの確信に変わり、ドラッカー経営学の言葉を頻繁に使って幹部社員を指導するようになっていました。それらIさんの幹部社員に対する指導内容が、「ドラッカーコラム」を通して全社員に拡がったという面はあったかもしれません。

さらに、「ドラッカーコラム」を題材にして、各部門で彼ら自身が勉強会を開くというようなことも頻繁に行われました。私は、私自身のA社への貢献という意味では、この「ドラッカーコラム」が一番大きかったのではないかと思っています。

また、私はA社の経営会議などの主要会議にも参加しコメントさせていただいていました。

私はプレッシャーに弱い性格なのですが、なぜだか責任感だけは強いところがあり、社外の人間として言わなければならないと思うことは歯に衣着《きぬ》せず発言していました。その一例が、230ページで説明したA社の合宿会議での発言です。A社の役員の一人は「國貞さんはわれわれと喧嘩《けんか》をするために会議に出席しているのかと思っていました」とおっしゃっていましたが、それだけ言うべきことは言わせていただきました。的外れ且つ配慮のない発言でA社の幹部のみなさんの気分を害したことも度々ありました。しかし、いくつかのコメントはA社のお役に立てたものがあったかもしれません。

このように書いてみると、読者のみなさんも感じておられると思いますが、ドラッカー経営学を社内に浸透させる上で私が果たした貢献などたかがしれています。毎日の読書や従業員のみなさんの独自のドラッカー勉強会によって、ドラッカー経営学はA社に浸透していったのです。

ですから、みなさんの会社でも、ドラッカー経営学を浸透させ実践するという意志があり、具体的な行動を起こしさえすれば、どこの会社でもみなさん自身でドラッカー経営学を社内に浸透させ、それを実践し、成果につなげていくことができると思います。

（3）あなたの会社では何をすればいいのか

では、ドラッカー経営学を社内で実践したいと思った人は具体的に何をしていけばいいのでしょうか。会社によって状況はさまざまでしょう。規模の大きな会社もあれば小さな会社もある。すでにドラッカー経営学と似た経営方針で経営されている会社もあれば全くそうでない会社もある。現在好業績の会社もあればそうでない会社もある。

ドラッカーの基本思想に従えば、ここから先は、ドラッカー経営学を実践したいと思った人が、それぞれが置かれた立場や状況を踏まえて、何がなされるべきかを自分で考えていただくのがよいのだと思います。

ただ、本当に蛇足になるだけかもしれませんが、ドラッカー経営学を導入する上で大切だと思うことを少しだけお伝えしておきたいと思います。

ドラッカー経営学を導入し成果につなげていく上で重要なのがトップの存在です。社長が自分の会社でドラッカー経営学を導入することを明確にすれば、ドラッカー経営学は一気に全社に拡がっていくでしょう。ドラッカー経営学は全社が一丸となって推進しなければ効果が薄まります。なぜなら、営業・開発・生産などの各部門が同じ方向に進まなければ、真の顧客満足を提供することは難しいからです。本書の「まえがき」にも書いたように、組織はまず目的と価値観を共有しなければならないのです。

もしあなたが社長、もしくは事業部門のトップであるなら、ドラッカー経営学を導入することを全従業員に向けて宣言してください。もしあなたが会社の従業員であれば、まずは直属の上司を巻き込んでください。もちろん、一番いいのは社長を巻き込むことです。A社が成功したのは間違いなくトップが主導したからでした。

もし一気に社長まで巻き込むことが難しい場合でも、少なくとも直属の上司までは巻き込んでください。ドラッカー経営学の導入に限らず、上司と信頼関係を築き、上司と一緒になって同じ方向に進まなければ成果にはつながりません。

しかし、世の中にはドラッカー経営学に興味を持っていない人は沢山います。哲学的だと敬遠している人がいます。時代遅れだと歯牙《しが》にもかけない人がいます。単なる理想論に過ぎないと毛嫌いしている人さえいます。

もし、上司を巻き込むことができないなら、ドラッカー経営学を広範囲に広めようとするのではなく、自分の影響が及ぶ範囲で、ドラッカー経営学を実践して成果を出してください。ビジネスの世界では成果がすべてです。成果が出せない人が何を言っても始まりません。まずは具体的な成果を出し、その成果を元に仲間を増やしていってください。

どの範囲でドラッカー経営学を導入するかを決めたら、ドラッカー経営学を導入することを宣言し、対象とする人全員に本書を読むように指示してください。これはもう上司としての命令です。全員が同じ本を読まなければ価値観は共有されません。A社が行ったように毎朝10分程度全従業員に読んでもらうというのは極めて有効な方法だと思います。「継続は力なり」です。

組織で成果をあげるには、全従業員が同じ方向に向かってエネルギーを集中させなければなりません。そのときに大切になるのが組織の目的と価値観の共有です。一人ひとりがてんでバラバラのことをしていて、組織としての成果などあがるはずがありません。もちろん、個人が生きていく上での個人の価値観は人それぞれです。しかし、仕事をする上での価値観は共有されていなければなりません。その価値観を共有するための一つの方法が、全員で同じ本を読むことなのです。

ただ、本書は読むだけでは身に付きません。本書を読んだら、本書の読書レポートを書かせてください。読書感想文には、その人の能力・性格・考え方・価値観などが如実に表れます。その感想文は部下を理解したりマネジメントしたりする際の道具になるでしょう。

また、グループ内で本書の勉強会を開いてください。勉強会を開いたら、その内容を必ず仕事の現場で実践してください。その実践内容を報告し、職場で共有してください。そのことが実践を通したより深い理解につながっていくと思います。

「強み発見会議」のようなものも相互理解に役立つと思います。人の個性を言葉で表現するのは難しいものです。その助けとして、本書で紹介した「ビッグファイブ」という考え方や、『さあ、才能《じぶん》に目覚めよう』といった本を使ってもいいと思います。組織内でお互いがお互いを理解し、互いの個性を尊重する風土を作っておくことは、ドラッカー経営学の導入ということだけでなく、組織で成果をあげるための基盤になっていきます。

さらに、「イノベーション大会」といった発表の機会を作って、そこで従業員の貢献を賞賛することは効果的です。前述したように、信賞必罰こそが真のマネジメントです。人の行動は、いかに賞され罰せられるかによって決まっていくのです。

信賞必罰という意味では、人事評価制度の評価項目の中に、ドラッカー経営学のキーワードを入れ込んでおくことは極めて有効です。A社でも目標管理シートの目標設定項目の中にドラッカー経営学のキーワードが組み込まれていました。繰り返しになりますが、信賞必罰こそが真のマネジメントなのです。

以上のようにして、ドラッカー経営学の基盤を整えながら、同時に現場の仕事の中で、本書で述べたドラッカー経営学の基本と原則を一つひとつ実践していってください。

〈コラム⑦〉「続けたい！　続けよう！」

A社の改訂版方針書の3ページ目に「続けたい！　続けよう！」という言葉が大きな字で掲げられています。この言葉は、A社の社長であったIさんと長年二人三脚でA社の経営を担ってきたH常務が、20年間に渡って続いていた赤字が初めて黒字に転換した年の暮れに、二人で一緒に飲んでいたときに出てきた言葉だそうです。

Hさんは私がA社に係り出したころ私と距離を置いていました。私が営業拠点でドラッカー研修を行うと、その後Hさんが営業拠点を回り、ドラッカーの考え方を無視してこれまで通りH常務自身の方針に従うように命令していました。しかし最終的には、Hさんはドラッカー経営学の最大の理解者の一人となりました。私が書いた「ドラッカーコラム」をA社の現場で一番活用してくれたのはHさんでした。

そのHさんもIさんが退任されてしばらくしてから退任されました。その退任パーティの挨拶《あいさつ》でHさんは、「毎年暮れになると親会社に呼ばれ、売上目標が達成できてないことを厳しく指摘された。毎年仕事納めのときに従業員に対して、『年末年始も販売店は営業している。お店に顔を出して1円でもいいから売上を稼いでほしい』とお願いしていた。それをその年はやらなくてよかった。本当にうれしかった。

そのとき私はIさんに、『この状態を続けたいですね～』と言いました。そしたらIさんが『そうだよな～、続けようよ』と応《こた》えてくれました」と言われました。

そのHさんの退任パーティのとき、私はIさんの隣に座っていましたが、Hさんの挨拶が始まる前に、「Hはこれまで一度も涙を見せたことがない。どんなに苦しいときもどんなにうれしいときも泣いたことがない」とIさんが私に小声で言われました。しかし、この挨拶のときHさんは初めてみんなの前で涙を見せました。

私の見てきたHさんは鬼軍曹のような人でした。部下を怒鳴りつける人でした。しかし、このHさんの挨拶での言葉を聞き、目標を達成するにはそうせざるをえなかった。常務としての重い責任を背負って厳しい人生を送ってこられたのだと思いました。

A社だけでなく、過去のA社のような苦しい状況が続いている会社は世の中に沢山あると思います。社長も経営陣も従業員も、だれもが一生懸命に頑張っている。なのに、どう頑張っても業績が上向いていかない。そうなってしまう一つの理由は、事業経営に関する本質を勘違いしている。売上や利益を目的に事業を行っている。つまり、事業経営に関する基本と原則が理解できていないことによるのだと思います。

Iさんは長年の経営企画幹部としてのご自身の反省から、「部下の努力を無にすることは上に立つ者の罪である」と言われます。

多くの会社、多くの人々が、事業経営に関する基本と原則を理解し、人々の努力を無にしないような会社になってもらいたいと思います。仕事を通して生き甲斐《がい》を感じ、自分の仕事が顧客の、そして社会の役に立っていることを実感できるような会社になってもらいたいと思います。

第8章

公的機関でドラッカー経営学を活用するポイントはどこか？

（1）受益者ファーストではなく、受益者の期待を超えるという意識はあるか

ドラッカーは企業のマネジメントについて論じていると思われがちですが、ドラッカー経営学の基本的な考え方は公的機関でも役に立ちます。

私は2005年からずっと東京都庁において課長昇任前の管理職研修を担当していますが、むしろ公的機関の方々の方がドラッカー経営学を素直に受け入れてくださっていると感じます。それは、ドラッカーの根底にある考え方が、「人間の幸せ」であり、「貢献」であり、「責任」であり、それが金儲《かねもう》けとは違う仕事をしたいと思って公務員になられた人の心に響くからではないかと思っています。

公的機関のマネジメントも基本的には企業のマネジメントと同じです。すべての組織は目的達成集団です。組織の目的を達成するために人が集まって仕事をします。しかし、公的機関の運営ではいくつか注意しなければならない点があります。

その一つは、公的機関はだれのために働いているかという、自らの組織の目的を見失いがちになることです。企業は顧客のために商品やサービスを提供します。企業は直接顧客からお金をいただくので、企業にとってだれが大切なのかはすぐにわかります。しかし、公的機

関では予算獲得という形で必要経費が配賦されるので、だれのために仕事をしているのかを忘れがちになります。

私は昔、学生からの就職相談を受けていたことがあります。「就職先としては、公的機関と民間企業とどちらが良いでしょうか」といった質問をする学生が何人かいました。私の答えはいつも同じでした。「現代は複雑な世の中です。いろんな仕事があります。しかし、すべての仕事の基本は、だれかの役に立つからお金をいただけるということです。従業員は組織の役に立つから給料をもらえます。民間企業は顧客の役に立つから顧客からお金をいただきます。そして、公的機関は受益者の役に立つから税金という形でお金をいただきます。公的機関と民間企業の違いはお金のもらい方だけであり、だれかの役に立たなければお金はいただけないというのはどんな仕事も同じなのです」と答えていました。

公的機関は受益者のためにあります。受益者の役に立つから税金という形でお金をいただくのです。東京都で一時期、「都民ファースト」という言葉がはやりましたが、良識ある企業人にとっては、東京都庁が都民ファーストで仕事をするのは当たり前です。なぜなら、東京都庁職員の給与も含め、必要な経費は税金によって賄われているのですから。

公的機関で働く人がこのことを忘れがちになることは、昔から「お役所仕事」という言葉が存在することが証明しています。お役所仕事とは、形式主義に流れて、不親切で非効率的な役所の仕事ぶりを表す言葉です。自分の給料が受益者からの税金で賄われているということを組織全体で意識することは、公的機関で働く人たちにとって極めて大切なことではないかと思います。

東京都庁の研修を長く担当していて、公的機関で欠落しがちなのは、受益者を第一に考えるという意識だけではなく、受益者の期待を超えるサービスを創造するという意識だと思います。つまり公的機関には、マーケティングの意識が希薄なだけでなく、イノベーションの意識がさらに希薄だと感じるのです。

東京都庁の課長研修をしていて思うことは、東京都庁の課長クラスの方々は本当に優秀だということです。頭の回転も速いし人柄がいい人も多いと思います。しかし、少し残念に思うことは、指示されたことはしっかりこなすのだけれど、言われたことしかやらないという傾向があるのではないか。つまり、指示されてもいない、前例もないことに自らが主体的に取り組んでいくという意識が弱いように思えることです。

世の中には、個人にも企業にも解決できない、公的機関が高く広い視点から対応しなければ解決できないような課題が沢山あります。そのような課題を公的機関が解決しようとした素晴らしい事例があります。東京都が創設した、老朽マンションの建て替えについて容積率を緩和する制度です。

容積率が緩和されることによって、マンションデベロッパーや不動産会社はマンションの建て替えによって利益を確保しやすくなり、老朽マンションの建て替えが促進されます。さらには、老朽マンション居住者の移転も進みます。このような制度の創設こそが、民間企業の活力を活《い》かしながら、住民のニーズと社会の問題を同時に解決するという公的機関が本来行うべき仕事だと思います。

東京都庁における私の研修は大きく3つのセッションに分かれています。「人のマネジメント」「戦略論」「財務会計」の3つです。「戦略論」のセッションのメインテーマは、ドラッカーのイノベーション論である「変化の中に機会がある」です。「機会がある」と言うと企業向けの事業機会のイメージですが、東京都庁の研修で行っているのは「変化の中に本来東京都庁が取り組むべき課題がある」という内容です。

研修では、受講生のみなさんに自分の仕事分野においてどんな変化が起こっており、どのような新しい課題が発生しているかをまず書いてもらい、それを3人から4人の小グループの中で発表しあうというスタイルで進めます。このセッションの議論は、研修講師として聞いていても非常に興味深い内容です。

人口減少、少子高齢化、外国人労働者の増加、中小企業経営者の高齢化など、本当に多くの変化が起きており、そこから沢山の新たな課題が発生しています。東京都庁には解決すべき課題が山積しています。そして、その多くは東京都だけが抱える課題ではなく、全国の地方自治体が抱える課題でもあります。今の時代は、言われることだけやっていれば大過なく過ごせるような安穏とした時代ではなくなりました。

私自身はこれまで公的機関で仕事をしたことはありませんが、研修のお付き合いの中で東京都庁の仕事内容を知るようになり、公的機関の仕事は、受益者の生活、安全、健康、教育、財産などに深く係《かかわ》っている仕事であることを改めて認識しました。公的機関のみなさんが、時代の大きな変化をどのようにとらえ、どのような知恵を出してくれるかによって、受益者の生活は大きく変わって行くのだと思います。

正に、公的機関に必要な仕事の基本と原則は企業のものと同じです。つまり公的機関に必要なのは、受益者が価値あるとするものを創造するためのマーケティングとイノベーションであり、変化の中にいかに自分たちが取り組むべき本当の課題を見いだしていくかということに尽きるのだと思います。

(2) 予算配分組織に生きる人たちの悲しい性

公的機関のみなさんに、「みなさんの給料は受益者の税金で賄われている。だから常に受益者のことを第一に考えなければならない」と言っても、もう一つピンとこないというか、させまった気持ちにならないのではないかと思います。それは、前述したように公的機関が予算配分組織であるためです。

ドラッカーは次のように言います。「公的機関と企業の基本的な違いは、支払いの受け方にある。企業は顧客を満足させることによって支払いを受ける。（中略）企業においては、顧客の満足が成果と業績を保証する。ところが、公的機関は予算によって運営される。成果や業績に対して支払いを受けるのではない。収入は、活動とは関係のない公租公課による収入から割り当てられる。（中略）予算から支配を受けるということが、成果と業績の意味を変える。予算型組織では、成果とはより多くの予算獲得である。業績とは、予算を維持ないし増加させることである。したがって、成果という言葉の意味、すなわち市場への貢献や目標の達成は二義的となる。予算の獲得こそ、予算型組織の成果を測る第一の判定基準であり、存続のための第一の要件となる[179]」

公的機関の官僚的なあり方を批判するのは企業人ですが、企業においてもスタッフ部門のような予算配分組織で働いている人が、公的機関より高い成果をあげているかというと必ず

179　『【エッセンシャル版】マネジメント』P・F・ドラッカー著、上田惇生編訳、（ダイヤモンド社）

しもそうではありません。ドラッカーは、企業の中の予算配分組織で働く人たちも「予算を獲得する能力にかけては目を見張るものがある[180]」と言います。

予算配分組織においては、仕事の効率化が進まず、受益者を起点にした成果もあがりづらく、変化に対応しにくいという傾向になります。ドラッカーは次のように言います。「いかに大切さを説いたとしても、予算型組織においては効率やコスト管理は美徳ではない。予算型組織の地位は、予算の規模と人の数で計られる。より少ない予算や、より少ない人間で成果をあげても業績とはされない。むしろ組織を危うくしかねない。予算を使い切らなければ、次の年度には予算を減らせると議会や役員会に思わせるだけである[181]」

予算配分組織で働く人は、多くの予算を獲得することが成果であり、そのことによってこそ組織やそこで働く人たちを守ることができます。ですから、部下思いで仕事ができる人ほど予算獲得に血道をあげることになります。しかし、もっと高く広い視点で、組織を超えてこのことを眺めてみればどう見えるか。公的機関の人たちは「貢献と成果のためではなく、そこにいる者のためにマネジメントしている[182]」ということになるのです。

そして、その守ろうとする組織は、往々にしてこれまで存続してきた組織です。その守られた古い組織は時代の変化と共に仕事が減っていき人だけが残っていきます。

東京都庁の課長研修では受講生のみなさんにモチベーション曲線という、社会に出てから今までのモチベーションの高低を示す曲線とモチベーションが上下した理由を書いてもらいます。モチベーションが低下していた理由のほとんどが「仕事が暇だった」です。

このように、時代の要請にそぐわない予算獲得は、成果につながらないどころか、職員のモチベーションを低下させ、職員の成長の機会を奪うことになってしまうのです。

東京都庁で私の研修を受講している人たちが予算配分組織で働いてこられたことは私もよくわかっています。しかし、私はあえて彼らに「今後課長になって、予算獲得に血道をあげるようになったら、自分は組織のガン細胞になったと思ってください。組織に貢献しない細胞を増殖させるのがガン細胞です」と申し上げています。

東京都庁の局長クラス以上の役職を歴任したＯＢの方々に、「最近の課長クラスには何が足りないか」と聞くと、「高く広い視点だ」と答えられたという話を聞いたことがあります。最近の流行り言葉で言えば、リベラル・アーツということかもしれません。

180　『マネジメント　務め、責任、実践』Ｐ・Ｆ・ドラッカー著、有賀裕子訳、（日経ＢＰ社）
181　『【エッセンシャル版】マネジメント』Ｐ・Ｆ・ドラッカー著、上田惇生編訳、（ダイヤモンド社）
182　『【エッセンシャル版】マネジメント』Ｐ・Ｆ・ドラッカー著、上田惇生編訳、（ダイヤモンド社）

これから課長になっていく人たちは、予算獲得に成功したとか、日々の業務をつつがなくこなしたとかということではなく、高く広い視点をもって、東京都庁が本来解決すべき重要な課題に取り組んでいっていただきたいと思います。

（3）公的機関が成果をあげるために必要な6つの規律

公的機関の生産性をあげることは多くの国に共通する課題です。公的機関をすべて民営化すれば解決するというようなものではありません。公的機会として担わなければならない仕事があります。

また、企業のようにコスト管理を徹底すれば生産性があがるということでもありません。ドラッカーは次のように言います。「企業を企業たらしめているものは、それが効率中心ではなく成果中心であるところにある。（中略）効率によって成果を手にすることはできない[183]」

もちろん、効率をあげることも大切です。しかし、公的機関においても着目しなければならないのは、効率ではなく効果的な仕事ができているかどうかということです。このことをドラッカーの原書の表現で言えば次のようになります。"It is effectiveness and not efficiency which the service institution lacks.[184]" 注目すべきは、効率（efficiency）ではなく、効果的かどうか（effectiveness）です。つまり、受益者に貢献するという成果につながる仕事ができているかどうかということなのです。

では、公的機関が成果をあげるにはどうすればいいのでしょうか。ドラッカーは、ハーバード大学などのいくつかの大学や明治維新時代の日本政府などのいくつかの例を挙げ、公的機関でも大きな成果をあげた事例はあるとした上で、公的機関が成果をあげるには次の６つの規律[185]（discipline）を自らに課す必要があると言います。

1. 「事業は何か、何であるべきか」を定義する。（中略）
2. その目的に関わる定義に従い、明確な目標を導き出す。
3. 活動の優先順位を決める。（中略）
4. 成果の尺度を定める。（中略）
5. それらの尺度を用いて、自らの成果についてフィードバックを行う。（中略）
6. **目標に照らして成果を監査する。**

183 『マネジメント　課題、責任、実践』Ｐ・Ｆ・ドラッカー著、上田惇生訳、（ダイヤモンド社）
184 Peter F. Drucker "The Practice of Management" Harper
185 『【エッセンシャル版】マネジメント』Ｐ・Ｆ・ドラッカー著、上田惇生編訳、（ダイヤモンド社）

ちなみに、各項目の後ろの内容を（中略）として割愛したのは、まずはシンプルに6つの規律の大項目を理解していただきたかったからです。（中略）の内容のいくつかについては後ほど説明します。

では、6つの規律の1番からもう少し詳しく説明していきましょう。1番の「事業は何か、何であるべきか」の原文は（They need to define "what is our business and what should it be."[186]）です。この"business"は「事業」と訳されていますが、ここでは「仕事」と訳した方がいいかもしれません。「私たちの仕事は何か、何であるべきか」ということです。つまり、何のために仕事をしているのか、何を目的に仕事をしているのかを明確にせよと言っているのです。もっと言えば、「本来行うべきことは何か」をまず明確にしなければならないということです。

公的機関が自分たちの仕事を定義することは簡単ではありません。企業はターゲットを絞れば絞るほど特徴が作りやすくなります。しかし、公的機関はそうはいきません。例えば、東京都庁が世田谷区《せたがや》だけ面倒をみるとは言えません。

ただ、自分たちが何を仕事にするか。つまり、自分たちの仕事の目的を明確にすることは、企業と同じくすべての出発点となります。

この目的を取り違えると成果があがらないだけでなく、膨大な無駄仕事が発生してしまうことになります。

1番の内容の最後に（中略）としたところには次のように書かれてあります。「目的に関わる定義を公にし、それらを徹底的に検討しなければならない。異なる定義、しかも一見矛盾する定義を採用し、そのバランスを計る必要さえある[187]」

私は東京都庁の課長研修で、変化の中に新しい課題が発生していることの議論を聞いていて、公的機関ではこの第1番の自らの仕事を定義することの重要性をひしひしと感じます。繰り返しますが、公的機関には解決すべき新しい課題が山積しています。これらの中の何に取り組むかによって、成果が変わってきますし、受益者の便益が大きく変わっていくのは間違いありません。

2番から5番は文字通りの意味合いです。ちなみに、3番の（中略）には次のように書かれています。「活動の優先順位を決める。これは、目標を定め、成果の基準すなわち最低限必要な成果を規定し、期限を設定し、成果をあげるべく仕事をし、責任を明らかにするため

186　Peter F. Drucker "Management: Tasks, Responsibilities, Practices" Collins Business
187　『【エッセンシャル版】マネジメント』P.F. ドラッカー著、上田惇生編訳、（ダイヤモンド社）

です[188]」

公的機関においては4番の成果の尺度の設定も重要になります。企業には成果の尺度として利益があります。しかし、公的機関にはそれがありません。自分たちの活動が、成果につながっているのかどうかを把握する尺度が必要なのです。4番の（中略）の中でドラッカーは、公的機関が成果を測るための尺度として、「日本が明治のころ社会発展の尺度とした識字率[189]」という例をあげています。

5番の（中略）のところには「成果による自己管理を確立しなければならない[190]」と書かれています。

6つの規律の要点はドラッカー経営学の基本的な考え方そのものです。つまり、大切なことは、まず目的を明確にすることであり、集中であり、目標管理であり、フィードバック分析であり、自己管理であり、最終的には実践により目的通りの成果があがるかどうかということなのです。

そして、これら6つの規律の中で一番重要なのが6番です。6番に関してドラッカーは次のように述べています。「目的に合致しなくなった目標や、実現不可能になった目標を明らかにしなければならない。恒久的な成功などありえない。しかるに、成功は失敗より捨てることが難しい。すでに自負を育てている。成功は愛着を生み、思考と行動を習慣化し、過信を生む。意味のなくなった成功は、失敗よりも害が大きい」[191]

これは現実を見た厳しい指摘だと思います。これを読むと、この６番が必要なのは公的機関だけではなく、企業の中の予算配分組織、つまり開発部門のような組織でも同じことが言えるのがわかります。一度スタートさせた開発テーマを途中で中止できずにずるずると継続させている会社は沢山あります。特に、過去の成功を否定するのは組織の中にいる人にとっては極めて難しいと言えます。しかし、過去の成功を否定することができずに事業が苦境に陥り倒産した会社は枚挙に暇《いとま》がありません。

そしてドラッカーは、公的機関の人たちに向けて次のように言うのです。「このうち第六のステップが最も重要である。企業には、非生産的な活動を廃棄しなければ倒産するという

188『【エッセンシャル版】マネジメント』P・F・ドラッカー著、上田惇生編訳、（ダイヤモンド社）
189『【エッセンシャル版】マネジメント』P・F・ドラッカー著、上田惇生編訳、（ダイヤモンド社）
190『【エッセンシャル版】マネジメント』P・F・ドラッカー著、上田惇生編訳、（ダイヤモンド社）
191『【エッセンシャル版】マネジメント』P・F・ドラッカー著、上田惇生編訳、（ダイヤモンド社）

メカニズムがある。市場による競争のない公的サービス機関には、このメカニズムが欠如している。したがって、公的サービス機関において成果のない活動を廃棄することは、苦しくはあっても最も求められる意思決定というべきである[192]」

公的機関の人たちの仕事が非生産的だと非難するのは企業人です。しかし、企業人が優秀なわけではありません。東京都庁の課長クラスの人は、民間企業で働く人たちと比べても極めて優秀だと思います。ではなぜ企業人は非生産的になりにくいのか。それはドラッカーが指摘するように、非生産的な活動を廃棄しなければ倒産するというメカニズムがあるからです。だから必死になるのです。さらに言えば、時代に合わなくなった事業に投資家は投資しません。このような仕組みによって、民間企業は生産的で時代に合った組織だけが生き残るようになっているのです。

しかし、公的機関にはこのメカニズムがない。公的機関が生産的になるには、自ら廃棄の仕組みを作ることが極めて重要なのです。そういう観点からドラッカーは「公的機関が成果をあげるうえで必要とするのは偉大な人物ではない、仕組みである[193]」と言うのです。

公的機関の生産性と成果について真剣に考えておられる公的機関の幹部の方、もしくは公的機関の運営の最終責任を担う政治家のみなさんは、是非自らの組織の中に廃棄の仕組みを作っていただきたいと思います。

大きな仕事や過去の成功の廃棄は組織の幹部や政治家の関与が必要かもしれません。ただ、日々の小さな仕事に関しても廃棄の仕組みを作っておく必要があります。

公的機関と仕事をすると非生産的だと感じることがよくあります。例えば、たった1日の研修であるにもかかわらず、分厚い契約書を作る公的機関があります。簡単なメールの返信にいつも10人くらいの人の名前がCC欄に入っている公的機関があります。

ドラッカーは次のように言います。「公的機関はマネジメントの不足に悩んでいるのではない。公的機関のほとんどは、むしろマネジメント過剰であり、手続き、組織図、手法の過剰である。必要なのは、公的機関を成果に向けてマネジメントすることである。これこそ最大かつ最重要のマネジメント上の課題である[194]」公的機関には捨てるもの、捨てなければならないものが沢山あると感じます。

192　『マネジメント　課題、責任、実践』P・F・ドラッカー著、上田惇生訳、（ダイヤモンド社）
193　『【エッセンシャル版】マネジメント』P・F・ドラッカー著、上田惇生編訳、（ダイヤモンド社）
194　『経営の真髄』P・F・ドラッカー著、ジョゼフ・A・マチャレロ編、上田惇生訳、（ダイヤモンド社）

〈コラム⑧〉倒産しないことに安住する職員を作ってはならない

公的機関には競争がありません。したがって、基本的に倒産する心配がありません。公的機関で働いている人の中には、それをいいことにその競争のない世界に安住している人たちがいます。そのような人たちは次のように考えています。「どうせ一生懸命働いても給料は上がらないんだから、公的機関で効率的に働くには、できるだけ仕事をしないようにすることだ」と。

私は東京都庁の研修で、これから課長になっていく人たちに「少なくともみなさんの部門でこのように考える部下をつくらないでください」と言ってきました。仕事は大変です。やりたくない仕事をやらなければならないことはよくあります。特に公的機関のみなさんは、用地買収や税金の取り立てなど、大変な仕事をしなければならないことが少なくありません。愚痴を言いたくなることもあるでしょう。

しかし、右記のように考える人たちが東京都庁に増えていったら、東京都庁は都民からの信頼を失ってしまいます。右記のように考える人は真摯《しんし》とは言えません。人間として信頼に足る人ではありません。

東京都庁で行っている私の研修では、これまで仕えてきた上司の中で、素敵な上司だったと思う人を思い浮かべ、その人たちがどんな特徴を持っていたか、どんな行動を取っていたかを議論してもらうセッションがあります。

彼らの話を聞いていると、当然のことではありますが、東京都庁には素敵な上司が沢山おられたんだなと思います。そんな素敵な上司とは、何か想いを持っている人たちです。志を持ち、士気の高い組織を作り、自らの責務をまっとうしている人たちです。大切なのは公的機関においても「責任」なのです。

これから課長になっていく人たちにもそんな素敵な上司になってもらいたいなといつも思います。

第9章　ドラッカー経営学に関して付け加えておきたいこと

（1）ドラッカー経営学の基本思想の補足

ドラッカー経営学の基本思想について少し補足しておきたいと思います。ドラッカーは元々社会学者であり、特に文明に関心を持っていました。ドラッカーはマネジメントという分野で大きな功績を残しましたが、ドラッカー自身は『断絶の時代』の序文で次のように述べています。「そもそも私が、１９４０年代の初めにマネジメントの研究に着手したのは、ビジネスに関心があったからではなかった。今日でもそれほどの関心はない[195]」

ではなぜ、マネジメントに関心がなかったドラッカーが、マネジメントを研究するようになったのでしょうか。それは、19世紀から20世紀にかけての社会の大きな変化が影響しています。19世紀までは多くの人が農業をしたり靴職人をしたりしていました。つまり、多くの人が個人として働いていました。しかし20世紀には、ほとんどの人が組織で働くようになったのです。そのような時代には、組織のマネジメントがしっかりしていなければ人類は幸せになれない。そういう想いからドラッカーはマネジメントを研究するようになっていったのです。

ドラッカーは大きな歴史認識の中でものを考えていました。人類の長い歴史の中で、ほとんどの人が組織で働くような時代になったのはたかだか最近の１００年程度にすぎません。つまり、組織のマネジメントは、現代の人類にとって急速に重要なものになったのです。

さらに、現代は産業社会となりました。産業社会の主役たる企業が、社会の代表的な存在になりました。人類の歴史においては、産業を担う者が必ずしも社会の代表的存在ではありませんでした。過去のイギリスでは紳士が社会の代表的存在でした。日本でも江戸時代までは、士農工商と言われ、工業にも商業にも関係ない士族階級が社会の代表的存在でした。

社会の代表的な存在になるには、倫理性がなければなりません。ここで今一度「組織は何のためにあるのか」について考えてみましょう。ここで重要になるのが「正統性」という言葉です。ドラッカーは正統性を「高次の規範、責任、ビジョンを根拠とする社会的認知によって正当化される権力のことである[196]」と定義しています。わかりやすく言えば、社会におけるある権力が倫理的で正しく、その存在が敬意をもって認められる根拠となるようなもののことです。

企業は顧客のニーズを満たして経済的な成果をあげていれば、社会的に正統性があると言

195　『断絶の時代』Ｐ・Ｆ・ドラッカー著、上田惇生訳、（ダイヤモンド社）
196　『産業人の未来』Ｐ・Ｆ・ドラッカー著、上田惇生訳、（ダイヤモンド社）

えるのか。ドラッカーはそれだけでは十分でないと言います。ドラッカーは「そのようなマネジメントの正統性の根拠は一つしかない。（中略）すなわち、人の強みを生産的なものにすることである。組織とは、個としての人間一人ひとり、および社会的存在としての人間一人ひとりに貢献を行わせ、自己実現させるための手段である[197]」と言うのです。

極めて重要なところなので原文も掲載しておきます。“There is only one such principle. It is (snip) to make human strength productive. Organization is the means through which man, as an individual and a member of the community, finds both contribution and achievement.”

つまり、組織の目的は、一人ひとりの強みを活《い》かして社会に貢献させ、そのことを通して従業員が自己実現を果たし、自分の存在意義を感じさせることだと言うのです。言葉を換えれば、一人ひとりの人間を仕事を通して幸せにすることができなければマネジメントの存在意義はないと言っているのです。

ドラッカーのこの考え方は、原書で８００ページに及ぶドラッカーの大著『マネジメント　課題、責任、実践』の最終章である「結論（Conclusion）」の中にあります。私はこの本を読んでいて、「結論（Conclusion）」の中にある右記の文章にさしかかったとき、胸が熱くなったことを今でも覚えています。「ドラッカーはこんなことを考えてマネジメントを語っていたのか」と思いました。ドラッカー経営学は、利益や生産性を上げるための小手先の方法論を語っているのではありません。この産業社会において、人間はどうすれば幸せになれるのかということをベースに経営を語っているのです。だからこそ、世界中の多くの心ある人がドラッカー経営学を学び、沢山の人を幸せにしてきたのだと思います。

ドラッカーは、マネジメントの基本と原則を「これは３つ」「これは５つ」というように、わかりやすく整理して提示してくれます。ただ、ドラッカー著作を読んでいて、答えを出すのが極めて難しいと言っているところが二カ所あります。

その一つは、「社長が自社の事業を定義する」ことです。事業を定義することの難しさは本書で繰り返し説明してきました。さらに言えば、事業の定義はすべての活動の出発点であり、扇の要《かなめ》になります。どのように事業を定義するかによって、従業員のやる事、モチベーション、成果の意味が変わってきます。だからこそ難しいのです。

私は、これは社長を対象にしているだけでなく、部長や課長が自分の組織の目的をいかに定義するかも極めて難しく極めて重要だと思います。そのことによってみなさんの部下たちのやる事、モチベーション、成果の意味が変わってくるからです。

このことをＡ社の事例で説明しましょう。Ａ社にはお客様相談室があります。簡単に言え

197　『マネジメント　課題、責任、実践』Ｐ・Ｆ・ドラッカー著、上田惇生訳、（ダイヤモンド社）

ばお客様からのクレームを受ける部署です。私も録音テープを聞いたことがありますが、本当にひどいクレームが入ってきます。それらにいつも対応しているオペレーターのみなさんは、なかなかモチベーションが上がりませんでした。

あるとき、このお客様相談室の室長が代わりました。新しい室長は「お客様相談室の真の目的はクレーム対応ではない。お客様相談室の特徴であり強みは、だれよりもお客様に近いということだ。お客様の真の声を拾い上げ、それを商品開発に活かすこと、これこそがお客様相談室の真の目的だ」と宣言しました。彼は元々商品開発のマネジャーでもありましたから、社内にお客様相談室の声が商品開発に活かされるようなルートも作りました。

このような宣言をしてみても相変わらず日々の仕事の9割以上がクレーム対応です。しかし、組織の目的を変えることにより、オペレーターは自ら主体的にお客様に積極的に質問をし、その内容を商品開発に活かそうとするようになったのです。私はこの事例から、組織の長が組織の目的を定義することの重要性を学びました。

ドラッカーが答えを出すのが難しいと言っていることのもう一つは、「自分の強みを知る」ことです。このことの難しさは第5章で繰り返し説明しました。

では、この「自社の事業を定義する」と「自分の強みを知る」に共通する問いは何でしょうか。それは、人類が古今東西自分に問いかけてきた「お前は何者か」という問いです。この世の中には自動車を造ってくれている人がいます。ラーメンを作ってくれている人がいます。原子力発電所の事故処理をしてくれている人がいます。それぞれの人が、それぞれの持ち場で、それぞれの役割を果たしてくれることによって、私たちは幸せな人生を送ることができています。

では、私たちは「人様からの貢献のお陰で自分の人生は幸せでした」ということでいいのでしょうか。生きているうちに、自分は自分のどの強みを活かし、どのように組織や社会に貢献するのか。生きているうちにそのことを考えておくべきだと忠告してくれたのがドラッカーという人だと私は思っています。

ドラッカーの大著『マネジメント』には副題がついています。“Tasks, Responsibilities, Practices” です。私はこの『マネジメント』という本を読む前にこの副題を見て、どうしてドラッカーという人は『マネジメント』という本の副題に、このような言葉をつけたのだろうかと思いました。

しかし、『マネジメント』という本を読んでわかりました。読者のみなさんも本書を読んでおわかりいただけたと思います。私たちは社会の中に存在する以上、だれもが役割（Tasks）を担っています。その役割を責任（Responsibilities）を持って果たし、具体的な実践（Practices）により成果をあげて社会に貢献しなければならないのです。ドラッカーは、これこそがマネジメントということの本質なのだと言いたかったのだと思います。

(2) ドラッカー著作の読み方

本書を読んでドラッカーに興味を持ち、もっとドラッカー経営学について学びたいと思った人に、ドラッカー著作の読み方をご提案します。

ドラッカー経営学の全体像と基本的な考え方をざっくりと把握するには『ドラッカー入門』(ダイヤモンド社)をお薦めします。『ドラッカー入門』というタイトルの本は何冊もありますが、私がお薦めするのは上田惇生氏が書かれた、副題に「万人のための帝王学を求めて」と書かれているものです。

次にプロのビジネスパーソンとして仕事をする上で、ドラッカー経営学の本質を効率的に勉強したいと思うなら、『プロフェッショナルの条件』(ダイヤモンド社)を推薦します。この本は上田惇生氏が、設定したテーマに従ってドラッカーの著作の中から関連する文章を選択し編集した本です。『プロフェッショナルの条件』以外に、『チェンジ・リーダーの条件』(ダイヤモンド社)、『イノベーターの条件』(ダイヤモンド社)があります。

解説本と編集本を読んでさらにドラッカー経営学への興味が深まったら、やはりドラッカーの著作を読む必要があります。まずはドラッカー経営学の3部作である『現代の経営』

(ダイヤモンド社)、『創造する経営者』(ダイヤモンド社)、『経営者の条件』(ダイヤモンド社)でしょう。

『現代の経営』はマネジメントに携わる人のための基本書として書かれた本です。ドラッカーがマネジメントという分野全体を体系化した本です。ドラッカーはこの本によってマネジメントの父と呼ばれるようになりました。

『創造する経営者』は経営戦略について書かれた本です。ドラッカーはこの本のタイトルを元々「事業戦略」としていたことは第2章で述べた通りです。顧客こそが事業であるとか強みを活かせとかといった戦略の基本となる考え方が示されています。

『経営者の条件』は成果をあげるために身に付けるべき5つの習慣的な能力について書かれています。その内容は第3章で説明した通りです。この本をドラッカーの同僚であったジョゼフ・A・マチャレロ教授が改訂したのが『プロフェッショナルの原点』(ダイヤモンド社)です。

右記の3部作を読んだら次に読むのはやはりドラッカーの大著『マネジメント　課題、責任、実践』(ダイヤモンド社)でしょう。この本の原書である『Management: Tasks, Responsibilities, Practices』(Collins Business)は800ページを超える大著です。

この本を読む前に、この本の抄訳版である『【エッセンシャル版】マネジメント』(ダイヤモンド社）を読んで、この大著の概要をつかんでおくというのもよい方法でしょう。

ドラッカー経営学を本当に理解しようと思えばやはり原書にあたる必要があります。ドラッカー著作の翻訳者の上田惇生氏は素晴らしい翻訳者です。しかし、翻訳者がいくら優秀であっても翻訳にはやはり限界があります。なぜなら、翻訳本では基本的に一つの英単語に対して一つの日本語の単語を当てなければなりませんが、英語と全く意味が同じ日本語の単語などありません。どんな素晴らしい翻訳をしても微妙に意味がずれたり真意が伝わらなかったりするものです。

実は、『Management: Tasks, Responsibilities, Practices』という本の日本語翻訳本には、有賀裕子氏が訳した『マネジメント　務め、責任、実践』（日経ＢＰ社）という本がありますす。私は、英文の原書と上田惇生氏訳の日本語翻訳本と有賀裕子氏訳の日本語翻訳本の３冊を同時に見比べながら読むことによって、ドラッカー経営学の理解が飛躍的に高まったと思っています。ドラッカー経営学を深く理解したいと思う方は是非実践してみてください。

『マネジメント　課題、責任、実践』という本に関してもう一つ紹介しておきたい本があります。それは『経営の真髄』（ダイヤモンド社）という本です。この本は、『経営の真髄』という題名になっていますが、内容は『マネジメント　課題、責任、実践』の改訂版です。『マネジメント　課題、責任、実践』は１９７３年の作品ですが、『経営の真髄』はドラッカーの同僚であったジョゼフ・Ａ・マチャレロ教授が、１９７４年から２００５年にかけてドラッカーが書いた文章を使って、『マネジメント　課題、責任、実践』の内容を改訂したものです。『経営の真髄』は非常に読みやすい本になっています。そういう意味では、『マネジメント　課題、責任、実践』を読む前に、まず『経営の真髄』を読んだほうがよいかもしれません。

ここまでに紹介した本を読んで、ドラッカー経営学の基本的な思想をさらに深く理解したいと思った方は、初期３部作と呼ばれる『「経済人」の終わり』（ダイヤモンド社）、『産業人の未来』（ダイヤモンド社）、『企業とは何か』（ダイヤモンド社）をお読みください。

『「経済人」の終わり』では、ブルジョワ資本主義とマルクス社会主義というどちらも経済を基本にした社会体制が失敗し、民衆がファシズム全体主義に向かったことが書かれています。『産業人の未来』は、産業社会は本当に機能するのかということについて論じた本です。本書の中で、組織の「正統性」や人間の「位置（status）」と「役割（function）」、さらには「自由と責任」の意味などが論じられています。『企業とは何か』はＧＭの調査をもとに出版された本です。利益をどう位置付けるかなど、ドラッカーのマネジメント研究の原点となるものです。

次に推薦しておきたい本は『イノベーションと企業家精神』（ダイヤモンド社）と『経営

者に贈る5つの質問』（ダイヤモンド社）です。『イノベーションと企業家精神』の内容についてては本書の第6章で説明し、『経営者に贈る5つの質問』の内容については本書の第1章で説明しました。

さらに、ドラッカーという人物自体に興味を持った人は『傍観者の時代』（ダイヤモンド社）を読んでみてください。これはドラッカーが69歳のときに書いた彼の自叙伝的な本です。本書を読むとドラッカーの思想の原点がわかります。私はドラッカーが書いた本の中ではこの本が一番好きですし一番面白いと思います。

ここまでくればドラッカー著作に関して読みたい本は、それぞれの人がそれぞれに自分で発見できると思います。

ドラッカー著作の紹介の最後に私の書いた本の紹介で恐縮ですが、本書の姉妹編である『究極のドラッカー』（角川新書）も読んでみてください。ドラッカー経営学に関する違った面が発見できると思います。ちなみに、本書は『究極のドラッカー（実践編）』と名付けてもよい本です。A社の全員が『究極のドラッカー』を繰り返し読んでくださり、それを実践してくださったから本書が生まれたのです。

（３）リベラル・アーツとしてのドラッカー経営学

昨今、リベラル・アーツ（一般教養）の重要性が叫ばれています。それは、これまでの考え方の延長線上では将来の解が見いだせない時代になってきたからだと思います。リベラル・アーツという学問の特徴であり、現代のビジネスにおいてそれが重要になっている理由は３つあると思います。それは、「幅広い知識」「人間に関わるもの」「問いを立てる」ということの３つです。

リベラル・アーツの起源はギリシャ時代にまで遡《さかのぼ》ります。その時代、人は自由人と非自由人（奴隷）に分かれていました。その自由人が身に付けておくべき教養としての学問がリベラル・アーツでした。

今の時代は大きな変革期にあります。これまでのビジネスモデルや専門知識だけではなかなか先が見えない時代になってきています。答えのない問いを自ら立て、自ら考えて答えを出し、会社の未来や自分のこれからの人生を切り拓《ひら》いていくためには、幅広い知識が必要になるということだと思います。

実は、大きな変革期ではなくてもマネジメントには幅広い分野の知識が必要です。歴史、社会、政治、経済、宗教、倫理、心理、会計、財務、数学、統計など、マネジメントに関係すると思われる学問分野を思いつくままにざっと挙げただけでも10本の指では足りません。

特に変革期のマネジメントには、社会全体の大きな変化に関する歴史認識が必要です。ドラッカーの『ポスト資本主義社会』という本は次の文書から始まります。「西洋の歴史では、数百年に一度、際立った転換が行なわれる。（中略）そして社会は、数十年をかけて、次の新しい時代のために身繕いする。（中略）やがて、50年後には、新しい世界が生まれる[198]」

ドラッカーの転換期の指摘は、13世紀において西洋が急に都市中心社会になったところから始まります。次の転換期はその200年後、1455年のグーテンベルクの印刷機の発明に始まり、その後の60年間に、ルターの宗教改革や西洋におけるアラビア数字の普及などにより世界は一変しました。次の転換期は1776年のアメリカの独立に始まり、その後の40年間で資本主義や共産主義が現れ、産業革命が起こりました。

そしてその200年後の1960年ころから世界は新たな転換期に入ったとドラッカーは言います。それは、日本が大きな経済力を持った非西欧国家として登場したことが契機なのか、コンピューターの登場によって、情報が中心的な存在になったことが契機なのかはわからないが、この転換期は2010年ないしは2020年ころに終わるだろうと言っています。それは過去の転換期のいずれもが約50年で終わって、それまでの時代とは異なる全く新しい世界が生まれたという歴史認識によるものです。

私が『ポスト資本主義社会』という本を初めて読んだのは2000年代初頭だったと思い

ますが、この大きな転換期が２０１０年ないしは２０２０年ころに終わるだろうといった予言めいた表現もあり、すぐにはドラッカーの言うことが納得できませんでした。

しかし、よくよく考えてみれば、産業革命と資本主義をベースにした時代が今大きく変化してきています。規模が大きくなったとか技術が進歩したとかの変化はあったものの、20世紀という時代は、資本が価値を生む産業というものが中心の時代でした。ところが、現代は知識が価値を生む時代になってきています。コンピューターの登場により情報が中心の世の中になりました。インターネットの登場により膨大な情報にだれもがアクセスできる時代になりました。さらには、インターネットとスマホの融合により生活スタイルは過去とは全く変わったものになりました。

ポスト資本主義社会は、知識が価値を生む知識社会です。転換期においては、このような大きな歴史認識をベースにものごとを考えていかなければならないのです。これが、リベラル・アーツという幅広い知識が必要になった一つの理由でしょう。

さらに、次の時代が知識社会になることで、より一層リベラル・アーツを必要とすること

198　『ポスト資本主義社会』Ｐ・Ｆ・ドラッカー著、上田惇生＋佐々木実智男＋田代正美訳、(ダイヤモンド社)

になってきます。なぜなら、知識社会は資本が中心ではなく、知識を生み出す人間が中心の世の中になるからです。

リベラル・アーツのアーツ（arts）は、芸術とか技芸とかと訳されますが、そもそも学問分野を意味する言葉です。欧米では"art"と"science"の2つの学問分野があります。日本では文系と理系とか人文科学と自然科学という感じで分かれています。ただ、"artificial"という言葉が「人工的な」という意味であるように、そもそもアート（art）には「人工」という意味があります。また、アート（art）の対語として、"art and nature"という言葉がありあます。つまり、人間及び人間が作りだしたものを研究するのがアート（art）という学問で、神が創りだした自然（nature）を研究するのがサイエンス（science）という学問なのです。

マネジメントはそもそも人間に深く関わるものです。そして、ポスト資本主義社会は知識社会であり、これからの時代は知識を生み出す人間が中心となる時代になっていくからこそ、リベラル・アーツの重要性がますます高まっていくことになります。「リベラル・アーツとしてのマネジメントの本質は、人間のあり方に関する問題を扱うことである[199]」ということなのです。

本書で説明してきたように、ドラッカー経営学には人間やその人間が作る社会に関する深い洞察があります。ドラッカー経営学は理想論だとか楽観的すぎるとかと批判する人がいます。しかし、ドラッカーの人間観や社会観はむしろかなり悲観的です。ドラッカーは次のように言います。「私の教師としてのスタートは宗教学だった。人間は人間らしく振る舞おうとする事実を知り過ぎるほど知っている。人間らしいとはつまり、狭量で欲が深く、虚栄心と権力欲が強く、そしてもちろん『邪悪さ』を持つということである[200]」

ドラッカーは『企業とは何か』の中で、GMの事業部制についてかなりの紙面を割いて説明しています。それは、人間の私欲や権力欲を制御するには、権力の分配や抑制の均衡を通して行うべきだという連邦主義（Federalism）の考え方を評価していたからでした。この連邦主義はアメリカが独立した際に取り入れた考え方です。

人間の問題を取り扱おうとすれば、必然的に社会学や政治学といった学問が必要になってきます。これからの時代は人間を中心にした幅広い知識が必要になってくるのです。必要になるのは社会学や政治学だけではありません。この不完全な生き物である人間が社

199　『ドラッカー　教養としてのマネジメント』ジョゼフ・A・マチャレロ、カレン・E・リンクレター著、阪井和男、高木直二、井坂康志訳、（マグロウヒル・エデュケーション）

200　『ドラッカー　教養としてのマネジメント』ジョゼフ・A・マチャレロ、カレン・E・リンクレター著、阪井和男、高木直二、井坂康志訳、（マグロウヒル・エデュケーション）

会で何かを行うマネジメントというものを考える上では、倫理学はなくてはならないものです。そもそも過去のリベラル・アーツとは、「徳義ある人格を育て、社会の価値を具現するところに置かれた[201]」ものでした。

ドラッカー経営学も倫理性をその中心に据えています。企業は何のためにあるのか。ドラッカー的に言えば、それは社会と人の幸せのためにあるのです。また、マネジャーは信頼が得られなければ成り立たない。だからマネジメントにおいて最も大切なのが真摯《しんし》さなのです。

真摯な人とは一貫性があり責任を担おうとする人だと言いました。さらに、真摯さとは「人間が持つ生来的な価値を認め、その認識に基づいて行動すること[202]」でもあります。だから、「マネジメントの正統性の根拠は一つしかない。それは、人の強みを生産的なものにすることである。組織とは、個としての人間一人ひとり、および社会的存在としての人間一人ひとりに貢献を行わせ、自己実現させるための手段である」ということになるのです。

リベラル・アーツを「幅広い知識」と「人間に関わるもの」という2つの側面から説明してきました。ただ、リベラル・アーツは現場で活かされなければ意味がありません。博学の士になっても、それが実社会や実生活で活かされなければ何の意味もないのです。

リベラル・アーツを実社会で活かすには、幅広い知識をつなぎ合わせて、ものごとの本質を深く考えなければなりません。このこと自体が大きな変化の時代にリベラル・アーツが必要になってきている所以です。これまでの専門知識だけでは先が見通せない時代を迎えているのです。

ドラッカーは次のように言います。「専門知識への特化が、あらゆる分野において、膨大な可能性を与えてくれた。しかし、まさに知識が特化したからこそ、われわれは、この潜在的な可能性を具体的な成果へと転化するための方法論、体系、手順を必要としている[203]」

しかし、残念ながら人類はまだその方法論も体系も手順も見いだせていません。ただ、ドラッカーが知識を活用するために指摘していることは、「結合せよ[204]（only connect[205]）」です。結合の重要性を理解しそれを学べと言います。

201 『ドラッカー　教養としてのマネジメント』ジョゼフ・A・マチャレロ、カレン・E・リンクレター著、阪井和男、高木直二、井坂康志訳、（マグロウヒル・エデュケーション）
202 『ドラッカー　教養としてのマネジメント』ジョゼフ・A・マチャレロ、カレン・E・リンクレター著、阪井和男、高木直二、井坂康志訳、（マグロウヒル・エデュケーション）
203 『ポスト資本主義社会』P・F・ドラッカー著、上田惇生＋佐々木実智男＋田代正美訳、（ダイヤモンド社）
204 『ポスト資本主義社会』P・F・ドラッカー著、上田惇生＋佐々木実智男＋田代正美訳、（ダイヤモンド社）
205 Peter F. Drucker “Post-Capitalist Society” Harper Business

ドラッカーは「結合こそ、偉大な芸術家のみならず、ダーウィン、ボーア、アインシュタインなど偉大な科学者の特性である[206]」と言います。そして、そのドラッカー自身がリベラル・アーツやマネジメントを総体としてとらえ、さまざまな知を複合してものごとの本質を見抜いた人でした。だから、「ドラッカーのマネジメント思想には、複数の学問に由来する着想があった[207]」「マネジメントや社会の問題に処するために、複合的な知を組み合わせた[208]」と言われるのです。

ドラッカーは「森を見て木を見ないことは重大な欠陥であるが、木を見て森を見ないことも、重大な欠陥である。（中略）知識の生産性をあげるには、森と木の両方を見ることを学ばなければならない。結合を学ばなければならない[209]」と言います。

余談ですが、私は本を書くときドラッカーのこの言葉を常に念頭に置いています。全体像とその本質を、「そもそも論」で見極めようとします。１０５ページで説明したように、拙著『財務3表一体理解法』がベストセラーになったのは、伝票の仕訳（一本一本の木）を財務3表のつながりの中で説明したというだけでなく、財務3表が、すべての企業に共通するお金を集める→何かに投資する→利益をあげるという3つの活動を表しているという会計の全体像（森）を示すことができたからだと思っています。

先ほど私は、「リベラル・アーツを実社会で活かすには、幅広い知識をつなぎ合わせて、ものごとの本質を深く考えなければなりません」と言いました。実は、「ものごとの本質を深く考える」こと自体がリベラル・アーツのリベラル・アーツたる所以です。

『ドラッカー　教養としてのマネジメント』（マグロウヒル・エデュケーション）の中に次のような一文があります。「マネジメントが正しい意味で教養と呼びうるものであるならば、（中略）多様な問いを許容しうるものでなければならない。そこでの教養教育の一つの証明とは、つまるところ批判的思考（critical thinking skills[210]）[211]」である。

つまり、リベラル・アーツとは、幅広い知識があることに意味があるのではなく、「問い

206　『ポスト資本主義社会』P・F・ドラッカー著、上田惇生＋佐々木実智男＋田代正美訳、（ダイヤモンド社）
207　『ドラッカー　教養としてのマネジメント』ジョゼフ・A・マチャレロ、カレン・E・リンクレター著、阪井和男、高木直二、井坂康志訳、（マグロウヒル・エデュケーション）
208　『ドラッカー　教養としてのマネジメント』ジョゼフ・A・マチャレロ、カレン・E・リンクレター著、阪井和男、高木直二、井坂康志訳、（マグロウヒル・エデュケーション）
209　『ポスト資本主義社会』P・F・ドラッカー著、上田惇生＋佐々木実智男＋田代正美訳、（ダイヤモンド社）
210　Joseph A. Maciariello, Karen E. Linkletter "Drucker's Lost Art of Management" McGraw-Hill

そのものによる探究姿勢に価値ありとする[212]」ものなのです。このことを私は、リベラル・アーツの一つの特徴として「問いを立てる」という言葉で表現しました。

ドラッカー経営学は批判的思考（critical thinking skills）に満ち溢《あふ》れています。「そもそも企業の目的は利益をあげることなのか」「そもそも仕事を通して人間が幸せになるとはどういうことなのか」このような本質的な問いについて、過去の常識や既成概念に囚《とら》われることなく、幅広い知識をベースに考えてきたのがドラッカーです。

ドラッカーは多くの企業のコンサルティングを行ってきましたが、彼は答えを言うことはありませんでした。本質的な問いを相手に投げかけることによって、彼ら自身に答えを導き出してもらう手法がドラッカーのコンサルティングの特徴でした。

こんなことを書くと、第1章のコラム①で書いたように、ドラッカー先生から「國貞さん、少し違いますよ。大切なのは考える（think）ことと同時に見る（see）ことです。全体を全体として見て、全体の中からその本質を〝perceive（気づき、悟り、看破）〟することが大切なんですよ」と言われそうです。

大きな変化の時代であるからこそ、経営においてリベラル・アーツが必要になってきました。ではどうすれば経営に役立つ実践的なリベラル・アーツを学ぶことができるのでしょうか。それは、絵画を見るとか音楽鑑賞をするとかといったことではないと思います。私は、逆説的ではありますが、経営に役立つリベラル・アーツを学びたいなら、まずドラッカー経営学を学ぶことだと思います。

ドラッカー経営学は、長い人類の歴史の中で検討されてきた、宗教学、倫理学、社会学、政治学、経済学、心理学などの幅広い学問分野のエッセンスをベースにして組み立てられています。さらに、ドラッカー経営学は人間及び人間の精神に焦点が当てられています。

今から１００年ほど前にビジネススクールが設立された初期のころは、どのビジネススクールでもリベラル・アーツが教えられていました。それは、ビジネススクールの卒業生が、会社や自治体に貢献すべき名士として、金銭を超えたところにある広範な見識を持ち、道徳心を養う必要があると考えられていたからです。

しかし、時代の変遷の中で、ビジネススクールの内容は、マネジメント・サイエンスと呼ばれる、株主重視や短期的利益を目的にした、高度な分析的マネジメントがその中心になっていきました。

211　『ドラッカー　教養としてのマネジメント』ジョゼフ・A・マチャレロ、カレン・E・リンクレター著、阪井和男、高木直二、井坂康志訳、（マグロウヒル・エデュケーション）

212　『ドラッカー　教養としてのマネジメント』ジョゼフ・A・マチャレロ、カレン・E・リンクレター著、阪井和男、高木直二、井坂康志訳、（マグロウヒル・エデュケーション）

そんな中でもドラッカーは、マネジメント自体をリベラル・アーツだと位置づけていました。それはマネジメントが幅広い知識を必要とすると同時に人間の精神や人間の本質に深く関わるものだからです。『ドラッカー　教養としてのマネジメント』という本の帯には、一橋大学名誉教授の野中郁次郎氏の言葉として「マネジメントとはリベラル・アーツなのだということを提唱したのがドラッカーの見逃しえない功績だ」と書かれています。

大きな変化の時代である今だからこそ、ドラッカー経営学を通してリベラル・アーツを学び、幅広い知識をつなぎ合わせて、ものごとの本質を深く考え、将来を見据える上での道標《みちしるべ》にしていただきたいと思います。

〈コラム⑨〉ドラッカー先生との出会いに感謝

私はサラリーマン時代に勤めていた神戸製鋼所の社費留学生として、米国クレアモント大学のドラッカー経営大学院でＭＢＡを取得させてもらいました。そもそもドラッカー経営学に興味があったからこの学校を選んだのではなく、ドラッカー先生との出会いは全くの偶然でした。しかし、この偶然の出会いが私の人生を大きく変えてくれました。

私は日本の大学で機械工学を専攻しましたが、若い学生のご多分にもれず、学生時代の私にとっては「この人生をいかに生きるべきか」ということが大きな関心事の一つでした。これまでに数えきれないほどの人間がこの地球上に生まれ死んできているのだから、「人生の正しい生き方」などということはすでに解明されているのではないかと思っていました。

そのような分野を学ぶのは哲学だと考え、大学の図書館に行ってカントの『純粋理性批判』などといった本を読んでみましたが、私の頭のレベルでは何のことやらサッパリわかりませんでした。街の書店に行って自己啓発の棚を見てみると、そこには「成功の法則」とか「金持ちになるための方法」といった類《たぐい》の本が並んでいました。私は「金持ちになる」などといったさもしい人生だけは送りたくないと思っていましたから、街の書店でも私が探し求めていた本は見当たりませんでした。

その後、「この人生をいかに生きるべきか」というようなことを考えることは忘れ、周りの学生と同じように民間企業に就職し、目の前の仕事に一生懸命取り組むという普通のサラリーマンとしての人生を送っていました。

前述したように、私は元々ドラッカー経営学に興味があったわけではありませんでしたから、留学中にドラッカー経営学を必死に勉強したわけではありませんでした。ドラッカー経営学を勉強しだしたのは、勤めていた会社を辞めて独立し、コンサルタントまがいの仕事を始めてからでした。さらに言えば、ドラッカー先生の全著作を読み込むまでに本格的にドラッカー経営学を勉強したのは、『究極のドラッカー』の執筆依頼をいただいてからでした。

『究極のドラッカー』を書くためにかなりの時間をかけて集中的にドラッカー経営学を勉強しました。そして、ドラッカー経営学の全体像とその基本的な考え方がおぼろげながらわかったとき、私が大学生のころに探し求めていた「この人生をいかに生きるべきか」ということの答えが、50歳近くになってやっと見つかったという思いでした。

組織の存在意義である正統性も上司と部下の関係性も信頼によって成り立つ。その信頼のベースになるのは、自らの真摯さであり、他者への敬意の念であります。自分も含めてすべての人間が、不完全ではありながらそれぞれの個性を持ってこの世に平等に生を受けている。その人間の尊厳や人間が本来的に持つ価値に対する敬意の念が、この世を生きていく上でのベースになることを知らされました。

また、この世に生きていく上で大切なことは、権利を主張したり私欲を満たしたりすることではなく、自らの役割と責任を認識し、具体的な成果を出してだれかの役に立つことであり、だれかの役に立とうと思えば自らの強みを活かすしかないということも学びました。

そして諸行無常。すべてのものは変化します。変化するこの社会の中で生き残っていくためには、変化に対応する必要があります。勉強を継続する必要があります。

ドラッカー経営学はマネジメントの基本と原則を教えてくれただけでなく、私にとっては人生の正しい生き方を教えてくれたものでもありました。ドラッカー経営学を学び、やはり生きていく上での基本と原則があるのだと思いました。

ドラッカー先生は日本と日本人に大きな関心を持っておられました。彼は日本の水墨画のコレクターでもありました。ドラッカー先生は次のように言われます。「日本美術に魅せられた私は、『印象派から表現主義、キュービズムを経て、抽象にいたる近代西洋美術の流れを、日本が何世紀も前に先取りできたのは、なぜか。日本の歴史、社会、文化の何からきているのか』という疑問を持った[213]」そして、ドラッカー先生の同僚だったマチャレロ教授は、「ドラッカーは常に知覚的にものごとを捉えることを人は学ぶべきだと考えていた。そして日本画に直感的なものを見いだした[214]」と言います。

さらにドラッカー先生は次のようにも言われます。「欧米以外の国の中で、なぜ日本だけが、欧米から輸入した技術と制度をもとに、近代国家と近代経済を建設し、しかも同時に、国としての一体性と独自性を維持できたのか[215]」

ドラッカー先生は日本と日本人に大きな関心を持つと同時に大きな期待を寄せておられたと思います。それはつまり、ドラッカー経営学を本当に理解し実践してくれるのは日本人だと。日本人こそが、全体の中から本質を看破する〝perception〟という能力を持っている民族だと。事実、ドラッカー先生のいくつかの本は、人口比でいえばアメリカより日本の方がよく売れています。

私がドラッカー経営大学院へ留学したとき、ドラッカー先生は私が住んでいた家のすぐ近くにお住まいでした。印税だけでも莫大《ばくだい》な資産をお持ちだったと思うのですが、ご自宅はアメリカの中流家庭の人が住む普通の平屋の家でした。車は古い日本車でした。

私は、そんなドラッカー先生に出会えて本当に幸せでした。ドラッカー経営学の助けがなければ、私の力だけでは一生かかっても世の中の基本と原則を知ることはできなかったでしょう。ただただ感謝あるのみです。

213　『マネジメント・フロンティア』P・F・ドラッカー著、上田惇生+佐々木実智男訳、（ダイヤモンド社）
214　『ドラッカー　教養としてのマネジメント』ジョゼフ・A・マチャレロ、カレン・E・リンクレター著、阪井和男、高木直二、井坂康志訳、（マグロウヒル・エデュケーション）
215　『マネジメント・フロンティア』P・F・ドラッカー著、上田惇生+佐々木実智男訳、（ダイヤモンド社）

あとがき

ドラッカー経営学を学ぶと、この世が「朽ちるべき存在としての人間による不完全な世界[216]」であるということを考えずにはおられなくなります。気の遠くなるような長い人類の歴史の中で、人類はそのほとんどの期間を狩猟や農耕によって生きながらえてきました。産業が社会の中心となり、資本主義や社会主義といった社会体制の中で生きるようになったのは、たかだか最近の200年程度にしかすぎません。

ドラッカー経営学を学んで私が最初に感じたことは、「ドラッカーはマネジメントの基本と原則を説明してくれるが、そもそも経済発展を是とした上での論理展開でよいのだろうか。ドラッカーはそもそも経済発展の是非をどのように考えているのだろうか」ということでした。

確かに経済発展のお陰で人々の暮らしが豊かになったことは事実です。しかし、経済発展によって、地球の自然環境は破壊され、貧富の差は恐ろしいまでに拡大し、人間が本来の人間としての尊厳を失い、会社や仕事に振り回される社会になってしまったという面もあるのではないでしょうか。

私のドラッカーに対するこの疑問については、ドラッカー自身が『企業とは何か』の中で彼の考え方を述べていました。私が『企業とは何か』を読んだのは、ドラッカー経営学を勉強し始めてかなり経ってからでした。私はドラッカー経営学の根本に疑問を持ちながらドラッカー経営学を勉強していましたが、やはりドラッカーは考えていました。『企業とは何か』の中に次のように書いてありました。

「現代は、経済的目標が神格化された物質文明ともいうべき時代である。西洋は生活水準の向上という幻を追って真に価値あるもの、あらゆる伝統、よき人生に必要とされるものを捨てつつあるかに見える。このような見方は、産業化前の貧困を知っている人たちにとっては説得力もないかもしれない。しかし、そのような人たちにしても、われわれの文明が至上の

216 『ドラッカー 教養としてのマネジメント』ジョゼフ・A・マチャレロ、カレン・E・リンクレター著、阪井和男、高木直二、井坂康志訳、（マグロウヒル・エデュケーション）

ものとしている物質的な目標が、人間にとって最高のものではありえないことは認めるに違いない。それでは代わりに何があるか。経済的な目標の代わりに据えるべきものをもたないのでは、何をどうすることもできない。いかにできが悪かろうと、手持ちの制度を捨てるには、それに代わるものを用意しておかなければならない。（中略）今日の西洋では経済発展に代わるものは戦争しかない。ヒトラーが脱経済至上主義として求めたものがそれだった。（中略）ナチスの人気はその脱経済至上主義にあった。ナチスの悲劇は答えが戦争しかなかったことではない。経済的な価値を愚劣な物質主義として否定した理想主義運動を、戦争と侵略の賛美という別の物質主義に堕落させたところにある。ほかに道があったかどうかはわからない。経済発展を社会の目標にすることは社会にとって有害かもしれない。（中略）しかし社会をまとめ、財を配分するという仕事は行わなければならない。そして実際のところ、経済発展のほうが、全面戦争より社会的には建設的であって有益である[217]」

私たちは「朽ちるべき存在としての人間による不完全な世界」に生きています。全知全能の人間がいないのと同じように、完全無欠の社会体制もありません。残念ながら、私たちはこの問題だらけの資本主義の仕組みの中で生きていくしかないのです。

この不完全な社会の中で、経済連鎖の中に身を置き、生きていくため、また家族を養っていくためにお金を稼がなければならないという現実を踏まえながらも、私たち自身が、何が正しいのかを考えながら生きていかなければならないということなのだと思います。

「朽ちるべき存在としての人間」であるわが身を省みれば、度を越した金儲《かねもう》けなどに何の意味もないことなどすぐにわかります。本書の最終章でリベラル・アーツについて触れました。現代の自由人としては、金儲けに明け暮れるよりも、「21世紀はどんな世の中であるべきか」といった問いを立て、事業や仕事を行っていくべきなのだと思います。そして、やがて朽ち果てていく儚《はかな》い自分の命を何に使うかを考え、その答えが見つかり、自分が価値あると思うことを成し遂げようとすることが、充実した人生につながるのだと思います。

本書の最後に紙面をお借りしてお礼を申し上げておきたい人が何人かいます。まずは私をドラッカー経営大学院に送り出してくださり、退職後も支えてくださった株式会社神戸製鋼所の多くのみなさんです。

特に、私が技術屋から事務屋に転向し将来の生き方に悩んでいたときに、留学を後押しし全面的に支援してくださったのが当時の上司の佐伯壽一さんでした。彼の支援がなければ私はドラッカー経営学と出合うことはありませんでした。

会社を辞めて独立してから1年半程の間、私は1円たりとも稼ぐことができませんでした。

217
『企業とは何か』P・F・ドラッカー著、上田惇生訳、（ダイヤモンド社）

その窮状を見かねて声をかけてくださったのが、先輩の矢野勝次さんでした。彼は私に著名な経営コンサルタントの方を紹介してくださいました。3人で飲みに行き、話が一段落したとき、その経営コンサルタントの方は、真摯《しんし》に「この子の頭のレベルじゃ経営コンサルタントは無理だ」と言われました。それを聞いて矢野さんは「そういうこの子のために私に何ができるか教えてください」と食い下がってくれました。そのころの私は経済的にかなり追いつめられ、将来にも大きな不安を抱えていましたから、彼の優しさと思いやりに、不覚にも涙が溢《あふ》れ出て顔を上げることもできない状態でした。

そのとき経営コンサルタントの方がアドバイスしてくださったのが、「現在も読み継がれている経営学に関する名著を100冊読みなさい。そして、経営学の全体像を自分なりにまとめてみなさい」ということでした。そのころは仕事が全くなく時間だけがある時代でしたから、毎週図書館に行っては20冊ほどの本を借りて、それをリュックサックに詰め込んで持ち帰っては家で読んでいました。当然その中にはドラッカーの本も沢山ありました。そのころの経験があるから今があるのだと思います。ただ、それから約20年が経ち、私の本棚に残っている経営学に関する本のほとんどは、ドラッカーの本の原書とその日本語翻訳本だけになりました。

私が25年程前にMBA留学を考えたのは、円高で全く競争力がなくなった海外プラント事業部門の企画担当として何の道筋も示せなかったからでした。MBAに行って世界の産業史から多くの事例を学べば、大きな環境変化の中でも生き残った企業が沢山あり、その中から何らかのヒントをつかめるのではないかと考えました。しかし、MBA留学では何ら具体的な答えを得ることができず帰国しました。

その後私は神戸製鋼所を退職したわけですが、会社には大変お世話になり、人事担当者として仲間となる沢山の新人を採用し、さらには留学までさせてもらった身でありましたから、退職には申し訳なさがありました。

そんなたわけな私に、それまでの上司や先輩の多くが「退職を気にすることはない。会社に恩があると思うなら、その恩は今後社会に返せばいい」と言ってくれました。そのご恩返しが本書によって少しでも実現できればいいなと思います。

そして私にとっては、MBA留学の目的であった、企業はどうすれば生き残っていけるのかということの答えが、留学から20年以上経った今、やっと自分の中で整理されたような気がしています。

次にお礼を申し上げたいのは、A社の全社員です。A社の全社員がドラッカー経営学を実践してくれたからこの本が生まれました。特に、本書の中に何度も登場したA社の元社長のIさんには、本当はここに名前を出してお礼を言いたい。IさんはA社の事例やIさんが創りだした概念図を使うことを快諾してくださった上に、本書の原稿をすべて読んでくださり、鋭いご指摘を沢山下さいました。私がA社の顧問だったころを含めて本当に大変お世話になりました。本書が書けたのは正にIさんのお陰です。コンサルタントが何を言おうと、社長がそれを実践してくれなければコンサルタントは何の成果もあげられません。もっと言えば、本書はドラッカー経営学のIさんによる実践事例を書いたようなものです。

次にお礼を申し上げたいのは上田惇生先生です。上田先生に初めてお会いしたのは、上田先生のドラッカー経営学に関する講演会でした。その講演で、「ドラッカーの関心は人間の幸せにある」というお話を伺い、私は金槌《かなづち》で頭を殴られたような衝撃を受けました。私はドラッカー経営学の本質が何もわかっていませんでした。この講演会を機にドラッカー経営学の見方がガラッと変わりました。

上田先生には、私が書いたドラッカー経営学に関する本を、原稿の段階からいつも読んでいただいています。『マネジメント・バイブル』（東洋経済新報社）の原稿を読んでいただいたときは、「ドラッカーが日本人だったら國貞さんが書いたような本を書くかもしれない。ただ、國貞さん、もっと自信を持って」と言われ、さらに私が「人間の悔しさ」について書いていた箇所を「もっと膨らませなさい」とアドバイスをいただきました。ドラッカー同様に上田先生も、人間と人間の精神を深く見つめている方でした。

『究極のドラッカー』の原稿を読んでいただいたときは、ドラッカー経営学の解説本を書くなら、例えば“Productive work and worker achieving”の訳文について3ヵ月くらい考えるという姿勢で臨むべきだと言われました。

『究極のドラッカー』はもちろん日本語で書いていますが、実はこの『究極のドラッカー』には英語版が存在します。日本語の『究極のドラッカー』を書くにあたって引用したドラッカーの言葉を、すべて原書に戻ってその英文を拾い上げて英訳版を書きました。最終的に出版は断念したのですが、『究極のドラッカー』の英語版を出版しようとした際には、ドラッカーの版権の管理をしておられるドラッカーの娘さんに連絡をとってくださるなどのご支援をいただきました。

そしてその際に上田先生から、「ドラッカーの名言を厳選し、その出典を明らかにしておき、『「名著とされている人物論」から学ぶ』という組み立てで本を書きなさい。そして、英語でこれをやって世界に貢献してください」と激励していただきました。

上田先生との関係について長々と書かせていただいたのは、その上田先生が今年1月にご逝去されたからです。上田先生ほどにドラッカー経営学を理解している人は、後にも先にも日本には現れないでしょう。今年の年賀状で上田先生に「今年はドラッカー経営学の実践に関する本を執筆する予定です」とお伝えしたところだったのに、残念でなりません。この紙面をお借りして、心よりご冥福《めいふく》をお祈り申し上げます。

次にお礼を申し上げたいのは、本書の出版を引き受けてくださった株式会社KADOKAWAの原孝寿編集長です。原さんは約10年前に、私に『究極のドラッカー』の執筆を提案してくださった方です。その『究極のドラッカー』が現場で実践され、大きな成果を生み、今こうやって本書が出版されることになりました。原さんの長きに渡るご支援に心より御礼申し上げます。

最後は、本書の出版に関してご尽力いただいたすべてのみなさんです。一冊の本ができあがるまでには、編集、図版作成・デザイン・校正・DTP・印刷など、お名前の出てこないプロの方々の大変なご尽力があります。さらに、本書が読者のみなさんの手元に届くまでには、営業・取次・書店のみなさんの大変なご尽力があります。そのような、表に名前の出てこないみなさんのご尽力によって、本書がいま読者のみなさんの手元に存在しているのだと思っています。この場をお借りして、本書の出版にご尽力いただいたみなさんに心より感謝申し上げます。

私はこの本によって、本当に現場で活《い》かすことができる知識を提供したいと思いました。

しかしドラッカーは「知識（knowledge）は、本の中にはない。本の中にあるものは情報（information）である。知識とは、それらの情報を仕事や成果に結びつける能力である。そして、知識は、人間、すなわちその頭脳（brain）と技能（skill of hands）のうちにのみ存在する[218]」と言います。

どこまで行っても本に書いてあることは単なる情報に過ぎないのかもしれません。読者のみなさんの知識によって、この本の情報を現場での具体的な成果と貢献、そして人間の幸せにつなげていってもらいたいと思います。

國貞　克則

218　『創造する経営者』P・F・ドラッカー著、上田惇生訳、（ダイヤモンド社）

参考文献

1. Peter F. Drucker "The End of Economic Man" Transaction Publishers, 1992
2. P・F・ドラッカー著、上田惇生訳『「経済人」の終わり』ダイヤモンド社、２００７年
3. Peter F. Drucker "The Future of Industrial Man" Transaction Publishers, 1992
4. P・F・ドラッカー著、上田惇生訳『[新訳] 産業人の未来』ダイヤモンド社、１９９８年
5. Peter F. Drucker "Concept Of The Corporation" John Day, 1972
6. P・F・ドラッカー著、上田惇生訳『企業とは何か』ダイヤモンド社、２００８年
7. Peter F. Drucker "The Practice of Management" Harper, 1986
8. P・F・ドラッカー著、上田惇生訳『[新訳] 現代の経営　上』ダイヤモンド社、１９９６年
9. P・F・ドラッカー著、上田惇生訳『[新訳] 現代の経営　下』ダイヤモンド社、１９９６年
10. Peter F. Drucker "Managing for Results" Harper, 1986
11. P・F・ドラッカー著、上田惇生訳『[新訳] 創造する経営者』ダイヤモンド社、１９９５年
12. Peter F. Drucker "The Effective Executive" Harper Business, 1985
13. P・F・ドラッカー著、上田惇生訳『[新訳] 経営者の条件』ダイヤモンド社、１９９５年

14. Peter F. Drucker "The Age of Discontinuity" Transaction Publishers, 1992
15. P・F・ドラッカー著、上田惇生訳『[新版] 断絶の時代』ダイヤモンド社、1999年
16. Peter F. Drucker "Management: Tasks, Responsibilities, Practices" Collins Business, 1985
17. P・F・ドラッカー著、上田惇生訳『マネジメント 課題、責任、実践 上』ダイヤモンド社、2008年
18. P・F・ドラッカー著、上田惇生訳『マネジメント 課題、責任、実践 中』ダイヤモンド社、2008年
19. P・F・ドラッカー著、上田惇生訳『マネジメント 課題、責任、実践 下』ダイヤモンド社、2008年
20. P・F・ドラッカー著、有賀裕子訳『マネジメント 務め、責任、実践 I』日経BP社、2008年
21. P・F・ドラッカー著、有賀裕子訳『マネジメント 務め、責任、実践 II』日経BP社、2008年
22. P・F・ドラッカー著、有賀裕子訳『マネジメント 務め、責任、実践 III』日経BP社、2008年
23. P・F・ドラッカー著、有賀裕子訳『マネジメント 務め、責任、実践 IV』日経BP社、2008年
24. Peter F. Drucker "The Essential Drucker" Harper, 2001

25. P・F・ドラッカー著、上田惇生編訳『【エッセンシャル版】マネジメント　基本と原則』ダイヤモンド社、2001年
26. Peter F. Drucker "Innovation and Entrepreneurship" Harper & Row Publishers, 1985
27. P・F・ドラッカー著、小林宏治監訳、上田惇生+佐々木実智男訳『イノベーションと企業家精神』ダイヤモンド社、1985年
28. P・F・ドラッカー著、上田惇生訳『【エッセンシャル版】イノベーションと企業家精神』ダイヤモンド社、2015年
29. Peter F. Drucker "Management Challenges for the 21st Century" Harper Business, 2001
30. P・F・ドラッカー著、上田惇生訳『明日を支配するもの』ダイヤモンド社、1999年
31. Peter F. Drucker "The Frontiers Of Management" Butterworth-Heinemann, 1987
32. P・F・ドラッカー著、上田惇生+佐々木実智男訳『マネジメント・フロンティア』ダイヤモンド社、1986年
33. Peter F. Drucker "New Realities" Transaction Publishers, 2003
34. P・F・ドラッカー著、上田惇生+佐々木実智男訳『新しい現実』ダイヤモンド社、1989年
35. P・F・ドラッカー著、上田惇生訳『傍観者の時代』ダイヤモンド社、2008年
36. Peter F. Drucker "Managing the Non-Profit Organization" Harper, 1990
37. P・F・ドラッカー著、上田惇生訳『非営利組織の経営』ダイヤモンド社、2007年

38. P・F・ドラッカー著、上田惇生＋佐々木実智男＋田代正美訳『未来企業』ダイヤモンド社、1992年
39. Peter F. Drucker "Post-Capitalist Society" Harper Business, 1994
40. P・F・ドラッカー著、上田惇生＋佐々木実智男＋田代正美訳『ポスト資本主義社会』ダイヤモンド社、1993年
41. Peter F. Drucker "The Ecological vision" Transaction Publishers, 1992
42. P・F・ドラッカー著、上田惇生＋佐々木実智男＋林正＋田代正美訳『すでに起こった未来』ダイヤモンド社、1994年
43. P・F・ドラッカー著、上田惇生＋佐々木実智男＋林正＋田代正美訳『未来への決断』ダイヤモンド社、1995年
44. Peter F. Drucker "Managing in the Next Society" TRUMAN TALLEY BOOKS, 1990
45. P・F・ドラッカー著、上田惇生訳『ネクスト・ソサエティ』ダイヤモンド社、2002年
46. P・F・ドラッカー著、上田惇生編訳『プロフェッショナルの条件』ダイヤモンド社、2000年
47. P・F・ドラッカー著、上田惇生編訳『チェンジ・リーダーの条件』ダイヤモンド社、2000年
48. P・F・ドラッカー著、上田惇生編訳『イノベーターの条件』ダイヤモンド社、2000年
49. 上田惇生著『ドラッカー入門　万人のための帝王学を求めて』ダイヤモンド社、2006年

50. Peter F. Drucker and Joseph A. Maciariello "The Effective Executive in Action" Collins, 2005
51. P・F・ドラッカー＋ジョゼフ・A・マチャレロ著、上田惇生訳『プロフェッショナルの原点』ダイヤモンド社、２００８年
52. Peter F. Drucker with Joseph A. Maciariello "Management Revised Edition" Harper Business, 2008
53. P・F・ドラッカー著、ジョゼフ・A・マチャレロ編、上田惇生訳『経営の真髄　上』ダイヤモンド社、２０１２年
54. P・F・ドラッカー著、ジョゼフ・A・マチャレロ編、上田惇生訳『経営の真髄　下』ダイヤモンド社、２０１２年
55. Peter F. Drucker "The Five Most Important Questions" Jossey-Bass, 2008
56. P・F・ドラッカー著、上田惇生訳『経営者に贈る5つの質問』ダイヤモンド社、２００９年
57. Joseph A. Maciariello, Karen E. Linkletter "Drucker's Lost Art of Management" McGraw-Hill, 2011
58. ジョゼフ・A・マチャレロ、カレン・E・リンクレター著、阪井和男、高木直二、井坂康志訳『ドラッカー　教養としてのマネジメント』マグロウヒル・エデュケーション、２０１３年
59. マーカス・バッキンガム&ドナルド・O・クリフトン著、田口俊樹訳『さあ、才能《じぶん》に目覚めよう』日本経済新聞出版社、２００１年
60. W・チャン・キム＋レネ・モボルニュ著、有賀裕子訳『ブルー・オーシャン戦略』ランダムハ

ウス講談社、2005年
61. ジョアン・マグレッタ著、櫻井祐子訳『【エッセンシャル版】マイケル・ポーターの競争戦略』早川書房、2012年
62. Stephen R.Covey "The 7Habits of Highly Effective People" Simon & Schuster, 2013
63. スティーブン・R・コヴィー著、フランクリン・コヴィー・ジャパン訳『完訳　7つの習慣』キングベアー出版、2014年

ここに記載した参考文献は私が所有し参考にした書籍です。ドラッカーの主要著作の日本語版については、「ドラッカー名著集」エターナル・コレクションとしてダイヤモンド社から2006年以降再出版されています。

國貞克則（くにさだ・かつのり）
1961年生まれ。83年、東北大学工学部機械工学科卒業後、神戸製鋼所入社。海外プラント輸出、人事、企画などを経て、96年、米クレアモント大学ピーター・ドラッカー経営大学院でMBA取得。2001年、ボナ・ヴィータ コーポレーションを設立して独立。主な著書に『財務３表一体理解法』『財務３表図解分析法』（朝日新書）、『ストーリーでわかる財務３表超入門』（ダイヤモンド社）、『悩めるマネジャーのためのマネジメント・バイブル』（東洋経済新報社）、本書の前段である『究極のドラッカー』（角川新書）などがある。

現場《げんば》のドラッカー

國貞克則《くにさだかつのり》

2019 年 10 月 10 日　初版発行
2025 年 5 月 30 日　8版発行

発行者　山下直久
発　行　株式会社KADOKAWA
〒102-8177　東京都千代田区富士見 2-13-3
電話　0570-002-301（ナビダイヤル）

装 丁 者　緒方修一（ラーフイン・ワークショップ）
ロゴデザイン　good design company
オビデザイン　Zapp!　白金正之
印 刷 所　株式会社KADOKAWA
製 本 所　株式会社KADOKAWA

角川新書
 ISBN978-4-04-082344-7 C0295

KADOKAWAの新書 好評既刊

ラグビー 知的観戦のすすめ
廣瀬俊朗

「ルールが複雑」というイメージの根強いラグビー。試合観戦の際、勝負のポイントを見極めるにはどうすればよいのか。ポジションの特徴や、競技に通底する道徳や歴史とは？ ラグビーのゲームをとことん楽しむために元日本代表主将が説く、観戦術の決定版！

4行でわかる世界の文明
橋爪大三郎

なぜ米中は衝突するのか？ なぜテロは終わらないのか？ 国際情勢の裏側に横たわるキリスト教文明、中国儒教文明など四大文明について、当代随一の社会学者が4行にモデル化。その違いを知るだけで、世界の歴史問題から最新ニュースまでが読み解ける！

環境再興史 よみがえる日本の自然
石 弘之

経済成長が最も優先された戦後の日本。豊かさと引きかえに、水や大気は汚染され、動物たちは絶滅の危機に瀕した。それから30年余りで、目を見張るほどの再生を見せたのはなぜか。日本の環境を見続けてきた著者による唯一無二の書。

織田家臣団の系図
菊地浩之

父・信秀時代、家督相続から本能寺の変まで、激動の戦国を駆け抜けた織田家臣団を出身地域別に徹底分析。羽柴秀吉・柴田勝家・明智光秀・荒木村重……天下統一を目指した組織の実態に迫る！ 家系図多数掲載。

「豊臣政権の貴公子」宇喜多秀家
大西泰正

〝表裏第一ノ邪将〟と呼ばれた父・直家の後を継ぎ、秀家は若くして豊臣政権の「大老」にまで上りつめる。しかしその運命は関ヶ原敗北を境にして一変。ついには八丈島に流罪となる。その数奇な生涯と激動の時代を読み解く決定的評伝！

KADOKAWAの新書 好評既刊

万葉集の詩性《ポエジー》
令和時代の心を読む

中西 進 編著
池内 紀　池澤夏樹
亀山郁夫　川合康三
高橋睦郎　松岡正剛
リービ英雄

国文学はもとより、ロシア文学や中国古典文学、小説、詩歌、編集工学まで。各断界の第一人者たちが、初心をもって万葉集へ向き合い、その魅力や謎、新時代への展望を提示する。全編書き下ろしによる「令和」緊急企画！

ミュシャから少女まんがへ
幻の画家・一条成美と明治のアール・ヌーヴォー

大塚英志

与謝野晶子・鉄幹の『明星』の表紙を飾ったのはアール・ヌーヴォーの画家、ミュシャを借用した絵だった。以来、現代の少女まんがに至るまで多大な影響を与えたミュシャのアートは、いかにして日本に受容されたのか？

サブスクリプション
製品から顧客中心のビジネスモデルへ

雨宮寛二

「所有」から「利用」へ。商品の販売ではなく、サービスを提供して顧客との関係性を強めていく。この急速に進展するビジネスモデルの成長性・戦略性・成功条件を数多くの事例を取りあげながら解説する。

政界版 悪魔の辞典

池上 彰

辞典の体裁をとり、政治や選挙ででてくる用語を池上流の皮肉やブラックユーモアで解説した一冊。アンブローズ・ビアスの『悪魔の辞典』をモチーフにした風刺ジャーナリズムの原点というべき現代版悪魔の辞典の登場。

知らないと恥をかく世界の大問題10
転機を迎える世界と日本

池上 彰

大国のエゴのぶつかり合いをはじめ、テロや紛争、他民族排斥の動き、環境問題、貧困問題と課題は山積み。未来を拓くためにいまこそ歴史に学び、世界が抱える大問題を知る必要がある。人気新書・最新第10弾。

KADOKAWAの新書 好評既刊

反-憲法改正論
佐高 信

宮澤喜一、後藤田正晴、野中広務。異色官僚佐橋滋。澤地久枝、井上ひさし、城山三郎、宮崎駿、三國連太郎、美輪明宏、吉永小百合、中村哲。彼らがどう生き、憲法を護りたいのか。著者だからこそ知り得たエピソードとともにその思いに迫る。

未来を生きるスキル
鈴木謙介

「社会の変化は感じるが、じゃあどう対応したらいいのか?」どうしようもない不安や不遇感に苛まれている人たちへ。本書は今、伝える「希望論」であり、どのように未来に向かえばいいのかを示す1冊である。

ゲームの企画書①
どんな子供でも遊べなければならない

電ファミニコゲーマー編集部

歴史にその名を残す名作ゲームのクリエイター達に聞く開発秘話。ヒット企画の発想と創意工夫、そして時代を超える普遍性。彼らの目線や考え方を通しながら「ヒットする企画」を考える。大人気シリーズ第1弾。

ゲームの企画書②
小説にも映画にも不可能な体験

電ファミニコゲーマー編集部

歴史にその名を残す名作ゲームのクリエイター達に聞く開発秘話第2弾。ヒット企画の発想と創意工夫、そして時代を超える普遍性。最新技術を取り入れながら、いかに最高の体験を企画するかを考える。

ゲームの企画書③
「ゲームする」という行為の本質

電ファミニコゲーマー編集部

歴史にその名を残す名作ゲームのクリエイター達に聞く開発秘話第3弾。ヒット企画の発想と創意工夫、時代を超える普遍性。栄枯盛衰の激しいゲーム業界で活躍し続けるトップランナー達と、エンタメの本質に迫る。